ICFをとり入れた介護過程の展開

黒澤 貞夫 編著

小櫃 芳江・鈴木 聖子・関根 良子・吉賀 成子 共著

建帛社

【執筆分担】

黒澤 貞夫……1章,2章
小櫃 芳江……3章
関根 良子……4章
鈴木 聖子……5章1,3,4
吉賀 成子……5章2,5,6

まえがき

　本書は，福祉・介護の領域において重要課題となっているICF（国際生活機能分類）をとり入れた介護過程について，最新の理論と実践を説いたものである。

　介護過程は，介護に関する制度的な根拠に基づいて展開されている。そして，介護過程には介護福祉の価値，知識，方法がとり入れられているのである。その意味では，介護過程によって現代社会の求めに対応した介護の専門性が具現化されているということができる。

　老い，病，障害を担った人びとが生活の場でいきいきと「活動」し，社会的「参加」を果たしていくことへの国際的な思想的潮流のもと，わが国の介護福祉も新たな理念的・理論的な根拠と，具体的な実践活動をもって展開される必要がある。いかなる高邁な思想も理論も，現実の生活世界を直視して，随時，適切な介護に結びつかなければ人びとにとって有効なものとはならないのである。本書は，WHO（世界保健機関）の提唱するICFの考え方や分類方法を介護過程にどのようにとり入れるかという課題に正面から取り組んだものである。

　本書ではまず，介護過程とICFの関係を総論的に概説した。そして「活動・参加」の源流となる障害者福祉の歴史を概観した。それらを踏まえ，相談，アセスメント，ケアプラン作成，カンファレンス，実践，モニタリング，評価などの介護過程において，ICFがどのようにとり入れられていくのかを論じている。必要な場面では事例を提示し，わかりやすく実証的に論じている。その意味では，ICFの単なる解説にとどまっていない。新たな時代の趨勢に対応した介護福祉の各領域の広がりと内容の深さを，エビデンス（明証性・証拠）に基づいて述べている。今後の介護福祉のありようを語るに際して画期的な論考であると自負している。

　もちろん，このテーマに関しての文献，実践の集積が十分でないこともあり，不備・不十分な点も多々あろうと考えている。読者諸賢のご教示をいただきながら，介護福祉のさらなる進展に努めていきたいと考えている。

2007年3月

編著者　黒　澤　貞　夫

目　　次

▶ 1章　介護過程の展開と ICF の位置づけ

1．介護過程とは何か ……………………………………………… 3
 1．介護過程を問い直す　…… 3
 2．介護過程は生活システムである　…… 5
   1）生活構造… 6　／　2）生活主体… 6　／　3）社会資源… 6

2．介護過程は ICF をどのようにとり入れるのか …………………… 9
 1．ICF の特性の概要　…… 9
 2．ICF における「活動・参加」の思想と現行法制度　……11

3．ICF の思想 ………………………………………………………12
 1．医学モデルと生活モデルの統合　……12
   1）医学モデルとはどのようなものか…12　／　2）生活モデルとはどのようなものか…12
 2．ICF にいう医学モデルと社会モデル　……13
 3．医学モデルと生活モデルは介護過程にどのように活かされるのか　……13
 4．介護過程は生活支援モデルにおいて展開される　……14

▶ 2章　介護過程の展開とは何か―体系的考察―

1．介護過程の体系について ………………………………………17
 1．時間性による介護過程の創造　……17
 2．介護過程における方法の科学性　……19
 3．事例から介護過程の科学性を考える　……20

2．ICF における「活動・参加」……………………………………22
 1．「活動・参加」の基本的課題　……22
 2．生活支援における「活動・参加」　……23
 3．介護過程における「活動・参加」　……24
 4．生活自立のレパートリー（種目）　……25
 5．介護過程における「背景因子」　……25

3．事例をとおして考察する ……………………………………………26
　　　　1．生活自立，生活課題についての考察 ……26
　　　　2．「活動・参加」の目的は利用者のニーズの充足にある ……27
　　4．「活動・参加」は自立の具体的実現である ……………………28
　　5．介護過程とケアプラン（介護サービス計画） …………………30

3章　ICFにおける自立と参加の歴史的考察

　　1．障害者の自立生活運動（IL運動）と介護過程 ………………………33
　　　　1．主体性をもった生き方＝自立とは　……33
　　　　　　1）自立生活と自立生活運動（IL運動）の背景…34　／　2）日本における自立生活運動（IL運動）…34
　　　　2．高齢者・障害者の自己決定による生活の営み　……35
　　　　3．「障害者自立支援法」とICFとの関係　……37
　　2．リハビリテーションと介護過程 ………………………………………37
　　　　1．リハビリテーションとは　……37
　　　　2．ICFの「活動・参加」とリハビリテーション　……38
　　　　　　1）介護予防の視点から…38　／　2）介護過程にリハビリテーションはどのようにとり入れられるか…39
　　　　3．ADLからQOLへ　……40
　　3．ノーマライゼーションと介護過程 ……………………………………40
　　　　1．ノーマライゼーションの歴史的背景　……40
　　　　2．日本におけるノーマライゼーションの理念　……41
　　　　3．ICFにいう「活動・参加」の思想的根拠　……41

4章　介護過程における個人因子と環境因子

　　1．ICFにおける「個人因子」と「環境因子」 …………………………47
　　　　1．ICFの用語としての「個人因子」と「環境因子」　……47
　　　　2．ICFの特徴としての「個人因子」と「環境因子」　……49
　　　　　　1）個人因子…49　／　2）環境因子…50
　　2．「個人因子」と「環境因子」 …………………………………………50
　　　　1．介護過程における因子　……50
　　　　　　1）介護過程における「個人因子」と「環境因子」の位置づけ…51

　　　　　2）利用者の満足感…51
　　2．事例にみる「個人因子」と「環境因子」 ……53
　　　　　1）個人因子には客観的内容と，本人の主観にかかわるものがある…53　／　2）生活課題の変容と個人因子…54　／　3）阻害因子と促進因子は同一のもののなかにある…54　／　4）環境因子はその意味が主観によって変化する…55

3．因子間の相互関係 ……56
　　1．人と環境は相互変数である ……56
　　2．「個人因子」と「環境因子」は相互依存の関係にある ……58
　　3．生活課題の解決という形で統合される ……59

5章　ICFをとり入れたケアプランの作成

1．ケアプランの意義と目的 ……61
　　1．ケアプランの意義 ……61
　　2．ケアプランの目的 ……63
　　　　　1）ケアプランは文書によって明確に示される…63　／　2）ケアプランは介護過程を客観的妥当性のあるものにする…63　／　3）ケアプランはケアの目標・内容・方法を明らかにし，利用者や家族の意思に沿ってチームのケア方針を統一する…64　／　4）ケアプランによって実践を吟味・評価する…64
　　3．ICFはケアプランにどのように活かされるのか ……64

2．相談・面接 ……65
　　1．人間関係の形成 ……66
　　　　　1）礼儀正しく接する…66　／　2）共感・受容的態度で接する…66　／　3）場の形成・雰囲気づくり…66
　　2．生活支援関係の形成 ……67
　　3．相談・面接場面での「活動・参加」の解釈 ……67
　　　　　1）信頼関係の形成による精神の安定…68　／　2）将来的な見通し…68

3．アセスメント ……70
　　1．アセスメントの意義と目的 ……70
　　2．アセスメントの方法 ……71
　　3．ICFにおけるアセスメント ……72
　　　　　1）アセスメントにおける「活動・参加」…72　／　2）ICFをとり入れたアセスメントの視点…74　／　3）ICFをとり入れたアセスメ

　　　　　　　　　　　　　　　　ント…75　／　4）ICFをとり入れたアセスメントの実際…76

　　4．「活動・参加」をとり入れたケアプランの立案 ……78
　　5．ICFにおける生活課題をどのようにみるか ……79
　　6．事例―ICFをとり入れたアセスメントとケアプラン ……79
　　　　　　　1）施設の生活に張り合いをもてないでいるKさん…79　／　2）施設の生活に適応支障をきたしているLさん…84

4．ケアカンファレンス ……………………………………………87
　　1．ケアカンファレンスの目的 ……87
　　2．ケアカンファレンスの運営 ……90
　　3．ケアカンファレンスにおけるICFの視点 ……90
　　4．ケアカンファレンスの種類・時期 ……91

5．ケアプランの作成モデル ………………………………………91
　　1．生活課題 ……92
　　2．長期目標，短期目標 ……93
　　3．支援内容 ……93

6．モニタリング ……………………………………………………95
　　1．モニタリングの視点 ……95
　　2．モニタリングとアセスメント ……96
　　3．モニタリングの方法 ……96
　　　　　　　1）モニタリングするのは誰か…96　／　2）モニタリングの方法…97　／　3）記録によるモニタリング…97
　　4．ICFにおけるモニタリングの視点 ……97

7．評　　価 …………………………………………………………98
　　1．介護過程における評価 ……98
　　　　　　　1）評価の目的…98　／　2）評価を行うのは誰か…98　／　3）評価の時期…98
　　2．ICFをとり入れた介護過程における評価の視点 ……99

索　引 ………………………………………………………………105

ICFをとり入れた介護過程の展開

 1章 介護過程の展開とICFの位置づけ

1. 介護過程とは何か

1. 介護過程を問い直す

　介護過程とICF（International Classification of Functioning, Disability and Health；国際生活機能分類）の関係を考えようとする際，まず，介護過程とは何かを問い直すことから始める必要がある。介護過程は，老い，病，心身の障害などに起因して日常生活に支障（困難）を生じている人びとへの生活支援の1つの領域である。「生活支援における1つの役割・機能を担い，直接の人間関係を基盤として行われる介護サービス提供の全体像」，これが介護過程の基本的概念（コンセプト）である。

　生活支援には，介護（ケアワーク），ソーシャルワーク，ケアマネジメントなど各種の支援活動があるが，介護過程は，介護をどのような方法（手順）をもって行うのかを明らかにする。すなわち，介護は実践の過程をみることではじめてその全体像が理解できる。

　介護過程は，2つの視点からみることができる。

　1つは，介護職の有する価値・専門的知識・専門的技術をもって行われる生活支援活動の展開方法，という観点である。支援活動は介護サービスを主な方法として行われるが，その介護サービスの開始から終結にいたる全体の流れを介護の展開過程というのである。生活支障に対して"どのように"介護サービスを提供するか，図1・1に示すような方法（道筋）を示すのである。

　2つめは，介護過程は人びとへの生活支援であるから，個人の生活困難（支障）を社会の仕組みのなかで"いかに"支援していくかという意味で，人権を中核とする社会的な価値を実現するという観点である。そして適切な介護サービスの提供のためには，介護の根拠となる価値とニーズの理解および実践のための知識が必要とされる。

　さて，介護過程においては，利用者の生活ニーズを充足することに主眼があるが，それは個々人のニーズであり，通常，顕在的に表明されるものである。しかし一方，社会的費用を個人の介護ニーズに充当するためには，そのニーズが社会的に承認され

```
┌─────────────┐      *アセスメントは生活課題(ニーズ)設定の前後に
│  相　　談   │       行われる。まず,相談の趣意からアセスメントが
└─────────────┘       行われ,そこで生活課題が設定されれば,そこで
       ↓              アセスメントは終了する。
┌─────────────┐       しかし,設定した生活課題をさらに明確なもの
│ 一次アセスメント │    にするために二次アセスメントが行われることが
└─────────────┘       ある。例えば,難病のある高齢者のケアについて,
       ↓              専門医の参加によるアセスメントが行われ一次ア
┌─────────────┐       セスメントと統合される場合などである。
│生活課題(ニーズ)の設定│  ここでは,1つのパターンを示したまでである。
└─────────────┘       要は,適時・適切な介護サービスの提供のための
       ↓              ものであり,あまり形式にとらわれないように留意
┌─────────────┐       する。
│ 二次アセスメント │
└─────────────┘
       ↓
┌─────────────┐      *モニタリングから評価の過程において重要な点
│ ケアプランの作成 │    は,以下の2点である。
└─────────────┘      ①モニタリングは,ケアプランに沿った介護サービ
       ↓               ス提供の過程の見守りである。
┌─────────────┐      ②評価は,ケアプランの目標・内容が利用者の
│  実　　践   │         ニーズの充足に適切なものであったかをみる
└─────────────┘         ものである。
       ↓               モニタリングには,利用者,その家族,介護職な
┌─────────────┐       どのケア従事者がそれぞれの立場で参加する。
│ モニタリング │         アセスメント(事前評価)からモニタリング,そし
└─────────────┘       て評価への一連の評価システムが,介護過程の客
       ↓              観的な妥当性を担保するからである。
┌─────────────┐
│  評　　価   │
└─────────────┘
```

図1・1　介護過程の道筋と重要ポイント

る必要がある。これはソーシャルニーズといわれるもので,個々人のなかに潜在的に共有されるものであり,個々の事例に直結しているわけではない。ソーシャルニーズは法制度の目的として具体的になる。法制度を個別の生活支援に結びつけることは,介護過程にかかわる介護福祉士などの役割・機能である。例えば,介護保険法にいう「自立支援」(第1条)における自立の理念価値は,介護過程において具体的に実現されるのである。

　このようにみてくると介護の価値・知識は,方法としての介護過程において活かされるのである。すなわち介護過程は生活支援の一環であるが,それは価値・知識・方法の体系のもとにある。したがって,価値や知識はそれ自身の内包する概念(考え方・内容)が常に現実の生活に引き戻されて実証されてはじめて,その社会的役割・機能が認められることになる。介護過程という方法のなかに価値や知識が収斂されるのである。

ICFの大きな特徴は,「活動・参加」の概念をとり入れたことと,「背景因子」(個人因子と環境因子)の観点を加えたことである。「活動・参加」の概念を生活自立や社会的参加・役割の価値に重ねたときに,それを生活支援のうえにどのように具体的に実現するかは,介護過程における介護サービス計画(以下ケアプランという)の核心的な課題となる。また,「背景因子」については,生活支障の適切な把握と生活支援の方向性を得るためには,「個人因子」と「環境因子」の個別性と相互関係性を理解しておく必要がある。それは介護過程において,特にアセスメントと実践後の評価の必須の課題となる。この点については第5章において詳しく述べる予定である。

2. 介護過程は生活システムである

介護過程は生活支援の諸活動のなかで,介護(ケア)サービスの提供を体系的・システム的に行うものであるが,「介護過程は生活システムである」という命題を,生活支援の特性から根拠づけることができる。介護の目的が明確でなければ,介護過程の方向性を見失うことになる。すなわち,介護過程を単なる方法としての技術的手順とみることは適切ではない。このことを生活システムの概念を用いて考えてみよう。

生活の営みのためには複数の要素がある。そして各要素は,生活ニーズの充足のために目的的に集合して生活システムとして機能する。生活支援の活動においては,これらの要素が支援活動のために集合するのである。介護過程においては,これらの要素を目的に沿っていかに組み合わせるかの方法が重要となる。例えば,高齢者の介護

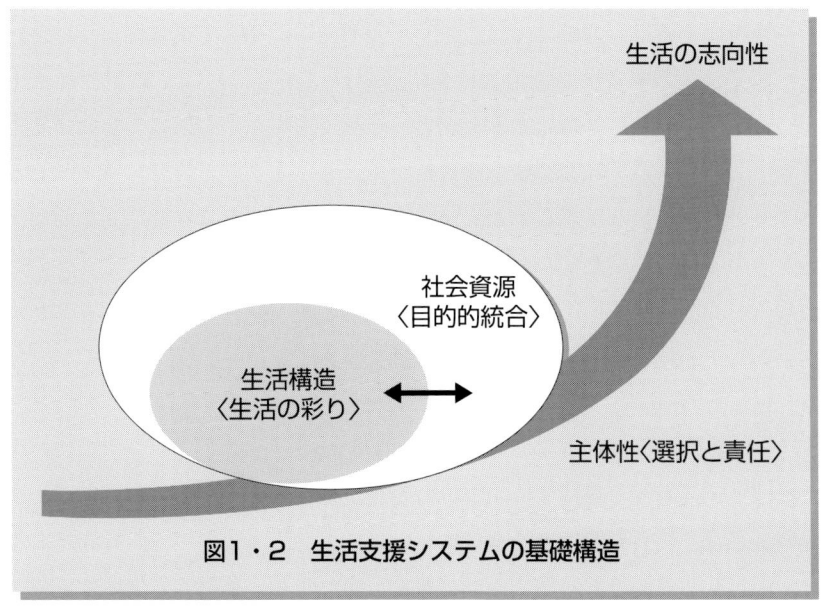

図1・2 生活支援システムの基礎構造

にかかわるシステムと障害者の自立支援におけるシステムはそれぞれ別の目的をもっているので同一ではない。しかし重要なことは，介護過程における共通の基盤を明らかにすることである。

生活システムは，①生活構造，②生活主体，③社会資源，の3つの基本概念を通して考えることができる。

1）生活構造

生活構造とは，介護サービスを利用する人の生活の状況をいう。生活構造は，生活の営みの総体である。人の生活は，それぞれに固有の歴史性・文化性，地域性の彩りを有しており，その個別性に着眼する必要がある。

心身機能の障害などに起因する生活支障の軽減・回復にあたっては，利用者の既成の生活条件（歴史性・文化性・地域性）のなかから，生活支障を担って生きていく新たな生活の質的向上への志向性を見出していくべき点に着眼する。すなわち利用者の生活史・文化的背景の彩りのなかから新たなライフスタイルの構築を意図するのである。ICFにおける背景因子は，この生活構造をみるのである。

例えば，高齢者が脳卒中で倒れ入院し，右片麻痺の後遺症で生活が不自由になったという場合，退院後の在宅の生活を継続するためには，住宅改造，ホームヘルパーの依頼，家族の介護支援などの生活構造の変革をともなう。介護過程におけるケアプランの作成はこのような生活構造の新たな構築に深くかかわるのである。

2）生活主体

生活の営みの主体は，介護サービスの利用者である。そして主体性から導かれるものとして自己決定があり，介護過程は利用者の自己決定に沿って展開されるのである。"あれか""これか"と揺れ動きながら，それでも現在から未来へ志向する人間の姿を尊重するのである。社会福祉基礎構造改革における選択と責任の意義は，AとBという2つの選択肢のなかからどちらかを選ぶのか，というような二元論的な決定論を意味するのではない。選びながら生活を創造し自己実現を図っていく，その過程を大切にするのである。ICFにおける「活動・参加」はこの主体性の尊重のもとに行われる。そして，主体性は「個人因子」の重要な要素となる。

3）社会資源

社会資源と介護過程との関係は，2つの視点からみることができる。

第一の視点は，社会資源は介護過程においては，生活支援の環境的資源であるが，それは常に相互関係的であるという点である。すなわち，利用者の生活は環境によっ

て影響されながら,なおかつ環境に影響を与え改変していくという視点である。介護過程においては,人的(例:家族の介護機能),物的(例:住宅事情),地域的な環境的要素は変容していくのである。

第二の視点は,生活ニーズは多くの場合に複合的であり,ニーズ充足のために,保健・医療・福祉・行政の社会資源が連携・協働されるという点である。これらの社会資源は生活資源の要素として存在する。そしてそれらは,利用者の生活支援のために,という目的をもって集合する。これはすなわち,保健・医療・福祉の目的的統合という介護過程の広がりを示すものである。このことは,他の専門職の行うことまでも介護過程に含ませるのかという疑問を生じさせうるが,介護過程は介護職の業務に限定されるものではない。生活支援の視点からは,他の関係機関,家族,ボランティアなどとの連携・協働をプランニングすることになる。社会資源を利用者の生活支援のために目的的に統合することではじめて,支援が効果的になるのである。

社会資源はICFにおいては,「背景因子」のなかの「環境因子」として位置づけられている。

▶事 例:1

Aさん 65歳 男性
障害程度:脳卒中による右片麻痺
疾 病:高血圧症
生活形態:妻ならびに息子夫婦との4人暮らし

　Aさんは1年後に会社を退職したら,趣味の絵画を鑑賞したりスケッチ旅行をしたいと思っていた。しかし脳卒中で倒れて入院した。6ヵ月後の退院に際し,妻の腰痛や家の構造の関係で特別養護老人ホームを利用することとなった。施設のケアマネジャーからの相談を受けた介護職は,次のような生活課題をとり上げたいと考えた。

① 残存機能の活用の課題:機能訓練とアクティビティを行うことで,生活自立の範囲を広げたい。
② 健康状態の維持・改善の課題:高血圧症であり,食事の献立に配慮が必要である。
③ 生活の活性化の課題:Aさんの趣味活動やアクティビティについて話し合ってみるが,どの話題についても,「えェ」,「まァ」,とあいまいな返事をされる。
④ 介護職との信頼関係の形成の課題:日常のケアをとおしてAさんとの信頼関係を形成するよう努める。そのうえで相互の意思疎通を図っていく。
⑤ 家族関係の調整の課題:Aさんの現在の心理状態は家族とのかかわりによるものと推測される。家族関係について配慮していく必要がある。

この事例からは，介護過程における生活支援は人間科学としての生活システムに沿って行われることがわかるが，それについては，生活システムの理論的根拠が生活の場で実証的であるか否かを検討する必要がある。

〈理論的根拠〉

介護過程は，介護職と利用者の直接的な人間関係を基盤として行われる日常生活の支援である。

それでは，システムとは何であろうか。北原貞輔は「すべての要素が直接・間接に相互関連をもつとき，それらの要素の集合がシステムである」[1]とするが，この定義では十分ではないともしている。すなわち「システムは単に"相互関連をもつ要素の集合"と定義したのでは不十分なことがわかろう。それは，システムが"どのような観察・研究の対象として規定されるか"に依存するからである。システムとは，"主体が客体を認識する概念構成物"である。」[2]と述べている。これを，紹介した事例の介護過程についてみてみると次のようになる。

① Aさんは身体が不自由である。これは身体機能のある部分（要素）が人体システム（要素の集合）の支障に影響しているということである。さらに，支障のある身体機能と生活構造の適応のためには，身体と生活が相互に関連している。

② Aさんは施設生活をしている。この施設における生活構造のシステムは，Aさん自身のライフスタイルと相互に関連している。Aさんは従来の自宅での生活からの変容，施設側はAさんのこれまでのライフスタイルの尊重といった，2つの要素の調和である。

③ 施設システムにおいては，人的・物的な資源が施設利用者の生活支援の要素として総合的に機能している。

④ 生活システムは，単なる要素の集合ではない。そこでは，システムが何のために存在するのか，そしてどのような機能を社会的に有しているのかが問われねばならない。主体が客体をどう概念的に構成するかの課題である。すなわち生活支援は，利用者が社会資源を自己の生活のためにいかに組み合わせて活用するかの支援である。

⑤ 生活システムは，個人と環境の各要素が相互関係によって，生活支援の目的を達成していく新たなエネルギーを創造していく。すなわち，人の生活は，現状からよりよき方向性へと行動するのである。介護過程はいかにそれを実現していくかの方法である。

〈実証性〉

① Aさんは，身体機能の損傷・低下，健康状態の改善のニーズを，生活環境の変化（施設生活）によって充足させようとしている。例えば，介護職による介護サービス，医療職による健康維持・改善，栄養士などによる食事・栄養摂取の維持・改善な

どの生活システムの活用である。

② 生活システムでいうところの「要素の集合」は，すなわち「要素の目的的集合」である。それは客観的には生活支援の目的であるが，Aさんからは主体的にみた社会資源（要素）の活用によるライフスタイルの変容である。Aさんにとっては自己の生活の志向性（よりよき方向性）のためという目的がある。施設をはじめとする社会資源の目的的連携・協働のシステムとしての機能が，個々の要素を超えて生活支援のために総体的に発揮されるのである。このことはケアプラン（施設介護サービス計画）によって具体的に実践される。

③ 介護過程は，介護サービス提供の過程からは一つひとつの区切りをもってみられるのである。例えば，相談→アセスメント→生活課題の設定→ケアプランの作成→実践→評価の各過程である。これはシステムのフローチャートでもある。個々のレベルで，適時・適切な介護過程が展開されるのである。その総体的な目的は，支援による生活の質の向上である。

④ Aさんの生活課題は，心身機能や健康状態と家族や施設の環境的条件との相互関係から生じたものである。したがって，生活課題の解決はすなわち，Aさんをとり巻く生活環境を変えることである。Aさんは環境によって影響を受けながら，なおかつ環境を変容させていくのである。具体的には，介護職は施設の生活ケアを十分なものとしながら，Aさんとの信頼関係を形成する。施設生活の情報を提供しながら家族との関係性に配慮していく。さらに医療職はAさんの健康状態の維持・改善を話し合っていく。これらを通じて，生活の安心・安定を基盤として生活自立への志向性を支援していくことになる。Aさんと環境との相互関係によって新たなエンパワメントが期待されるのである。そして，エンパワメントは，アセスメント（事前評価）および評価によって実証される。

2. 介護過程はICFをどのようにとり入れるのか

1. ICFの特性の概要

これまでの介護過程は，WHO（世界保健機関）のICIDH（International Classification of Impairments, Disabilities and Handicaps；国際障害分類，1980年）の考え方，概念を援用して行われてきた。すなわち，機能損傷（インペアメント：impairment），能力低下（ディスアビリティ：disability），社会的不利（ハンディキャップ：handicap）の階層的構造を援用してきたのである。これらは，心身の障害からの生活支障

の状況を理解するためには，現在においても，用語の使い方は別として，その概念，内容は実践上有用である。

しかしこの分類は，障害に起因する生活の支障や社会的に不利な条件に重きをおいたものである。2001年にWHOはこれを改定してICF（International Classification of Functioning, Disability and Health；国際生活機能分類）を示した。この改定では，心身機能・身体構造（body functions and structures）と活動（activities）および参加（participation）の概念をとり入れた（図1・3）。

ここでICFの趣旨を介護過程の展開の視点からどのように位置づけて援用するかが課題となる。

まず留意すべきは，ICFの新たな概念は，直接介護過程をとり上げたものではないということである。しかし，「活動・参加」や「背景因子」の考え方は，介護過程においても十分援用するに値するものである。このことは2つの視点からみることができる。

1つはWHOがICFへの改定にあたって述べている点である。すなわち「ICFは分類であり，生活機能や障害の『過程』をモデル化するものではない。しかし，ICFはさまざまな構成概念や領域を位置づける手段を提供することによって，過程の記述のためにも役立つものである。ICFが提供するのは，相互作用的で発展的な過程としての，生活機能と障害の分類への多角的アプローチである。これは利用者に『建築材料』を提供するものであり，誰でもこれを使ってモデルを作ったり，この過程を異なった側面から研究したりすることができる。」[3]

2つめは，これまでのわが国の社会福祉援助活動や介護実践において思索し実践さ

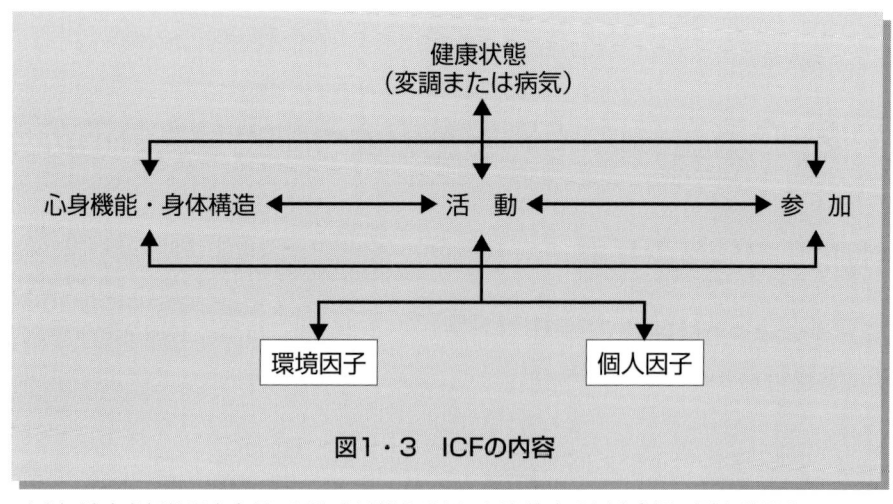

図1・3　ICFの内容

出典）障害者福祉研究会編：国際生活機能分類－国際障害分類改定版，厚生労働省，2002.

れてきた状況を十分吟味して，ICFとの統合的調和を図る必要があるという点である。例えば，「活動・参加」については，特に重度の障害者にかかわる理念として，わが国でも常に認識されてきたことである。「失った所を考えるな，残された所を考えよ」（Guttmann L.），「リハビリテーションは生命に年齢を足すことではなく，年齢に生命を足すことである」（Rusk, H. A.）といった先人の言葉は，従来も常に留意すべき価値であるとして実践されてきた。また，背景因子についても，事前・事後の評価（エバリュエーション：evaluatioin）をリハビリテーションや介護過程の必須の事項と認識し，位置づけてきている。

2. ICFにおける「活動・参加」の思想と現行法制度

ICFの「活動・参加」の考え方は，障害者福祉における個別の課題として実践されてきたのである。そして，それはわが国の法制度においても明確に示されてきた。「障害者基本法」（昭和45年5月21日，法律第84号，平成16年第9次改正，法律第80号）第1条は「この法律は，障害者の自立及び社会参加の支援等のための施策に関し，基本的理念を定め，及び国，地方公共団体等の責務を明らかにするとともに，障害者の自立及び社会参加の支援等のための施策の基本となる事項を定めること等により，障害者の自立及び社会参加の支援等のための施策を総合的かつ計画的に推進し，もつて障害者の福祉を増進することを目的とする。」とうたっている。

実際の介護過程においても，先に記したような先人の思想を援用し，国の施策のもとでの実践を経てきている。例えば，機能訓練のほかに行う日常生活のなかでの離床実践，アクティビティなどである。しかし，従来のそれらは介護過程におけるプロセスの要素として明確な位置づけを与えられているわけではなかった。ICFの考え方によって，WHOという国際機関が新たな思想に基づく概念枠組みと方法を体系的に提示した意義は大きい。

将来にわたっては，ICFを介護過程にどのように位置づけるべきかが問われることになるわけであるが，このことを考える際にはまず2つの点を明確にしておく必要がある。第一は，ICFの主張する「活動・参加」，「背景因子」といった特性は医学モデルと生活モデル（ICFでは社会モデルという）の考え方の枠組みに深くかかわっていること。第二は，「活動・参加」，「背景因子」のそれぞれの意義・目的・実践方法の解明である。

3. ICFの思想

1. 医学モデルと生活モデルの統合

　医学モデルと生活モデルの思想的変遷は，特に米国のソーシャルワークにおいて理論的発展をみてきたものである。この問題はモデルとしての意味であって，理論上のパラダイム（paraadigm：概念枠）であるが，わが国のソーシャルワークに大きな影響を与えてきた。特に人間関係を基盤とする援助技術の方法論は，介護過程の理論・実践においても大いに援用されてきた。ICFが提起した2つのモデルの統合の課題は，それぞれのモデルが固有の意義と内容を有しているからこそ大きな課題となるものである。そして統合の課題とは，1つのモデルを捨て去るのではなく（現在は生活モデルが有力であるが），2つのモデルが弁証法的に，それ自体の発展過程のうえに，新たな理論体系を導くものと考えるべき点である。このことは介護過程の科学性を根拠づけるうえで基本的な課題となっている。

　ここではまず，医学モデルと生活モデルのそれぞれの特性をみることとしよう。

1）医学モデルとはどのようなものか

　医学モデルは，医師が患者を診る方法を原点とするものである。すなわち，医師の医療行為としての，検査（調査）→診断→治療の過程の援用である。かつてのソーシャルワーク（社会福祉援助活動）では，これをなぞるように，社会調査→社会診断→社会治療の過程をとってきたのである。

　基盤は，米国のケースワーク（個別援助技術）が，精神分析学を根拠として理論構成しているものである。したがって，このモデル概念の特性は，疾病と病理を基盤として治療・適応・行動変容を目標とする点である。ソーシャルワークの指標としては，「治療を要する人にかかわる」という人間観に基づいている。

2）生活モデルとはどのようなものか

　生活モデルは，医学モデルの登場の後，新たな社会問題の解決のために生み出された。生活モデルは，全く新たな思想と技術を開発するものではない。これまでの医学モデルの吟味のうえに，生態学や一般システム論を加えてソーシャルワークの新たな体系化を図るものである。したがって医学モデルと生活モデルは互いに排斥し合うものではなく，新たな生活支援体系のために弁証法的に発展させられるべきものである。定義的な概念を把握するために，生活モデルの創始者の一人であるカレル・

ジャーメイン (Carel B.Germain, 1916 – 1995, 米) の以下の文章を引用しておこう。

「医学・疾病の比喩(メタファー)は，個人の病理や欠陥に目を向けるが，生態学(エコロジカル)な比喩(メタファー)は『個人』やそれをめぐる『環境』との間の相互適応プロセスに焦点をあてる。成長と潜在的可能性(ポテンシャル)を強調するということは，従来からの医学的・疾病的比喩(メタファー)に基づく伝統的な臨床モデルとは異なり，生活モデル (life model) にいきつくことは当然であろう。」[4]

▶ 2. ICFにいう医学モデルと社会モデル

ICFでは，医学モデルと社会モデル（本書では生活モデルと呼んでいる）について次のように述べている。

「医学モデルでは，障害という現象を個人の問題としてとらえ，病気・外傷その他の健康状態から直接的に生じるものであり，専門職による個別的な治療というかたちでの医療を必要とするものとみる。障害への対処は，治療あるいは個人のよりよい適応と行動変容を目標になされる。主な課題は医療であり，政治的なレベルでは，保健ケア政策の修正や改革が主要な対応となる。一方，社会モデルでは障害を主として社会によって作られた問題とみなし，基本的に障害のある人の社会への完全な統合の問題としてみる。障害は個人に帰属するものではなく，諸状態の集合体であり，その多くが社会環境によって作り出されたものであるとされる。したがって，この問題に取り組むには社会的行動が求められ，障害のある人の社会生活の全分野への完全参加に必要な環境の変更を社会全体の共同責任とする。」[5]とし，さらに「ICFはこれらの2つの対立するモデルの統合に基づいている。」[5]としている。

▶ 3. 医学モデルと生活モデルは介護過程にどのように活かされるのか

介護が適時・適切に行われるためには，利用者の健康状態，心身機能，身体構造などの課題分析が必要となる。例えば，疾病・外傷などに起因する生活支障の場合，医療所見が基礎的な理解項目となる。また生活支障の状況はADL（日常生活動作）をみなければならない。その際には，全体的観察のもとに分析的理解（できる・できない・一部できる，など）が必要となる。これらは，介護職が主導的に分析・評価するものであるが，医学モデルの思考形態と方法によるものである。

介護過程は，基本的に医学モデルによる援助過程（特に診断主義）の援用である。相談・面接→一次アセスメント→生活課題の設定→二次アセスメント→ケアプラン作

成→実践→評価，という介護の過程は，医学モデルにおける「診断」を「アセスメント」に，「治療」を「介入または実践」に置き換えたものであるが，医学モデルにおける方法としての思考過程は生活モデルにおいても基本的に同じである。その過程を通して専門的な明晰性とエビデンス（明証性，根拠）を明示するのである。

生活モデルの最大の特性は，利用者の主体性，自己決定，生活自立などの原則を示した点にある。そしてそれは，環境（例：地域社会の認識，社会資源，家庭など）と利用者との相互関係における介護過程を中心的なケアシステムとするのである。

▶ 4. 介護過程は生活支援モデルにおいて展開される

そこで，ICFをとり入れた介護過程を構築するにあたっての最大の課題は，いかなる統合モデルを用意するのかである。そこには統合における新たな発展がなければならない。本書では，その新しいモデルを「生活支援モデル」とみる。

実は，医学モデルと生活モデルを弁証法的にどのように統合するかの課題について，ICFは重要な項目を提示している。それは「背景因子」の概念である。そしてさらに背景因子を「個人因子」と「環境因子」とに分けている。これは，医学モデルでいうところの，個人の疾病や病理，身体機能の損傷・低下に主に目を向けるのではなく，そのような因子によってもたらされる生活上の支障に重きをおいた見方である。

すなわち機能損傷（impairment），能力低下（disability），社会的不利（handicap）の図式を背景因子としてみるのである。これらの因子は2つのレベルで理解される。第一のレベルにおいては，静態的・分析的に障害による生活支障が理解される。これはICIDHの示すところであった。次いで第二のレベルにおいては，動態的・総合的な将来指向型の志向性をもった理解がなされる。これは「活動・参加」の概念であり，背景因子で言えば「促進因子」である。これは生活モデルの概念である。ICFの思想がここに顕著にみられるのである。すなわち，「社会モデルでは障害は主として社会によって作られた問題とみなし」[5)]ている。そこに社会構造の改変と社会資源の「活用における活動・参加」志向型のICFの理念が内包されている。

第2章では，ICFの「活動・参加」そして「背景因子」のパラダイム（概念枠）は，介護過程においてどのような建築物を描くことになるのかを考察しよう。

▶ 本章のまとめ

1. 介護過程は，生活支援のなかで，介護サービス提供の方法の全体の姿を示すものである。
2. 介護過程は，介護職と利用者との人間関係を基盤として行われる。そして専門職としての価値・知識は，介護サービス提供の方法としての介護過程のなかに活かされる。
3. ICFは「活動・参加」の概念を核心的な概念としている。そして「背景因子」として「個人因子」と「環境因子」をあげている。
4. 介護過程は生活支援の1つの領域である。生活の仕組みとは何かについて，本書では，生活構造，生活主体，社会資源をあげた。
5. ICFの思想のなかでの医学モデルと生活（社会）モデルの基本的な違いは人間観であるが，その弁証法的な統合が重要である。
6. 医学モデルと生活モデルとの統合はどのようになされるかについては，ICFも明確なモデルを示していない。本書では「生活支援モデル」としている。

▶引用・参考文献

1) 北原貞輔：システム科学入門，有斐閣，1987，p23.
2) 同上，p25.
3) 障害者福祉研究会編：国際生活機能分類—国際障害分類改定版，厚生労働省，2002，p16.
4) カレル・ジャーメインほか，小島蓉子編訳著：エコロジカル・ソーシャルワーク，学苑社，1992，p72.
5) 障害者福祉研究会編：国際生活機能分類—国際障害分類改定版，厚生労働省，2002，p18.

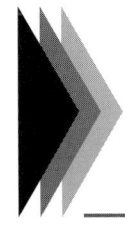

2章 介護過程の展開とは何か―体系的考察―

1. 介護過程の体系について

　介護サービスの利用者がいる。介護サービスを提供する社会資源が存在する。生活ニーズの充足という目的に向けてのこの両者の関係は，開始から終結へという"時間性"をともなうものである。また，サービスがどのような場で提供されるのかという空間としての"場"の関係がある。

　介護過程は，何かを提供し受け取るという静的かつ横断的な関係ではない。利用者と介護職との関係性において，時間の経過による両者の関係性からの変容をともなって次第に生活を創りあげていく過程である。

1. 時間性による介護過程の創造

　時間性による介護過程の創造とは介護関係の質である。人にはいつの間にか老いがやってくる。思いがけない病気や外傷による障害に苦悩することもある。それらによって単に生活上の不自由さや不安を感じるだけではない。仕事や社会からの疎外感をともなうことも少なくない。

　しかし，人はこれらの困難に直面して絶望や不安を抱えたままでいることはない。むしろ，そのような精神状態や生活状況から抜け出したいと（潜在的にも）思う。そこに，障害を担った自分と向かい合い，新たな価値への転換を図る契機がある。この変化，価値の転換が「老いの受容」，「障害の受容」といわれるものである。

　この転換は，介護職との人間関係の質によって創造されるのである。すなわち介護過程とは，時間軸に沿った関係性の流れである。その流れのなかで，どのようなケア関係が創り出されるかが問われるのである。

　次に，その具体的な事例をあげてみる。

▶事例：2

Bさん　76歳　男性
障害程度：脳卒中による右片麻痺
生活形態：居宅，妻と2人暮らし

　Bさんは脳卒中で倒れて入院し，車いすの生活になった。6ヵ月後，在宅の生活に戻ったが，退院に際して，医師よりできるだけ生活の活性化を図るよう助言された。
　しかし，Bさんは車いすの姿で外出したくないという。妻は，自分も年なので夫の身体機能の低下が心配であったことから，週2回ホームヘルパーが訪問することになった。
　ホームヘルパーの洞察と共感的態度から次第にBさんと対話ができるようになった。そしてデイサービスセンターへ見学に行くこととなった。

▶事例：3

Cさん　46歳　男性
障害程度：交通事故による頚髄5番の脊髄損傷
生活形態：身体障害者更生援護施設入所

　妻は働いており子どもは受験期なので，家から半日がかりの遠方の施設に入所した。妻は家事やパートの仕事で忙しく疲れている。施設へ訪ねてくる回数も次第に減っていった。時折の面会の際にも，お互いに不満があり気まずい雰囲気になることもあった。Cさんは夜間，当直室へ来て，生活相談員に「何か家族が次第に遠い存在になっていくようで，たまらなく寂しい気持ちになります」といって涙ぐむ。
　生活相談員は，Cさんの気持ちを共感・受容して話し合い，機能訓練に励み，福祉用具を活用して生活の自立の範囲を拡大して，在宅復帰か，自宅近くの施設への入所をプランニングした。Cさんは一筋の光明を感じるようになった。

　事例2のBさんの場合は"障害"に対して，病に倒れる前の認識から抜け出せないでいる。それは障害のある人に対する社会一般の認識からでもあった。そして車いすに乗っている自分自身の姿から逃れたいと思っている。しかし，ホームヘルパーとの出会い，「措置から契約へ」という福祉政策の変化などの環境との相互関係が，Bさんの人格的変容へとつながってきているのである。ICFにいう「活動」は，この事例のように時間性における動機づけが基盤となるのである。
　事例3のCさんの場合は，重度障害を担って生きていくことが，家族のなかにおける夫・父としての役割の喪失につながり，その喪失感に耐えられないでいる。家族とのつながりが次第に弱くなっていくのではないか，との思いがある。ICFにいう

「参加・役割」は，この事例のように，家族からの愛情や家族への帰属意識，あるいは社会的参加意識という関係性の絆(きずな)に支えられている。

2. 介護過程における方法の科学性

　介護過程の存在理由は，介護職による介護の提供が利用者の意思に沿って適時・適切に行われること，すなわち介護が独断と恣意におちいることなく"科学性"をもって提供されることをその過程において示すことである。

　ここでの"科学性"とは，人間科学としての客観的妥当性を有することである。具体的にいうならば，介護過程における科学性とは，介護職をはじめ介護関係者の介護に関する思考過程が論理明晰（解釈・判断・方針の筋道が明らかなこと）なことであるが，それは，自然科学の一義的因果関係における論理性とは異なる。ただし，介護過程のある目的・内容によっては，一義的因果関係を示す科学的データを援用することはある。例えば，医師の所見は介護過程に活かされる。

　具体的には次の事項が課題となる。

　① **介護の開始から終結にいたる過程が論理明晰であること**

　相談からケアプラン作成そして実践，の一連の過程がフローチャートなどによって具体的に示されることである。

　② **介護における価値がどのように介護過程にとり入れられているかということ**

　例えば，利用者の主体性の尊重，生活自立への支援，健康の維持・改善，社会関係性の維持・改善などについてである。これは介護職の価値判断の経緯を明確化することである。

　③ **実践価値の実証**

　介護過程においては，実践上の拠るべき価値は抽象性・一般性をもつものであるから，常に具体的介護実践において実証する必要がある。例えば，生活自立の実践価値は介護過程のケアプランにおいて具体的場面で活かされていることを示すのである。

　④ **アセスメントと評価**

　介護過程における科学性で最も基本的な事項は，相談からケアプランの間に入るアセスメント（事前評価）と実践後の事後評価である。アセスメントは課題（ニーズ）がどのようなものであるかの理解・判断である。事後評価は利用者のニーズが充足されたか否かの総合的判断である。

　介護過程の科学性における以上の視点は大別して2つの領域に分けることができる。

1つは，利用者の生活ニーズの理解と対応する介護サービスについての介護職の判断が論理明晰であることから，介護過程の関係者（利用者，家族，ケア従事者など）による吟味が適切に行われうること。2つめは，人間科学としての介護の科学性について，介護関係者とのコンセンサスが得られていることである。

　例えば，機能訓練における生活自立について，利用者の動機づけから自然科学における数量的な因果関係を明瞭に示すことができず，達成効果をあらかじめ目標として設定することが困難な場合がある。このような機能訓練の動機づけが十分でない場合には，生活の活性化や精神的自立を含めた全人的アプローチが求められるとしよう。この場合には，洞察・推論による解釈・判断に基づいて，時間の経過にともなう人格的変容を期待する目標によって，機能訓練を留保して，それに代わる（可能な）方法が実践されることがある。この場合，介護職が相談，アセスメントなどによって得られた資料（データ）と判断からのケアプランを論理明晰に示すことで客観的妥当性を有することとなる。

▶3. 事例から介護過程の科学性を考える

　介護過程は，自然科学（実証科学）と人間科学のカテゴリーに分けることができる。自然科学とは因果性，論理性，普遍性を有するものであり，検査，測定，診断などの分析的方法が主なものである。以下に示す事例のアセスメント項目でいえば，身体，精神，言語，感覚の諸機能の障害の有無・程度などに関する理解である。ICFにいう，健康状態・心身機能，身体構造の項目である。

　一方の人間科学は，人間の主体性における個別性を基盤として，生活環境と人間の相互関係性，動機づけ，潜在的可能性を重視するものである。アセスメント項目でいえばADLの動機づけ，心理・社会的状況，家族関係などである。介護過程の科学性とは，これらの科学を目的的かつ総合的に援用しているのである。

▶事　例：4

Dさん　76歳　女性
障害程度：要介護4でほぼ全介助
生活形態：特別養護老人ホームに1年前より入所
　Dさんは，約10ヵ月前より脳梗塞発作後の認知症状の進行にともなって，次第に心身機能の低下がみられるようになってきた。
　担当のa介護職は，ケアマネジャーと協議してケアプランを作成するにあたり，まず次のような生活課題を掲げて関係項目のアセスメントを行った。
生活課題

① 認知力の低下により，食事や水分の摂取量の減少がみられる。
② 口腔内ケアが困難である。
③ 四肢が拘縮しているため，車いすの座位が安楽なものではない。
④ 精神的安定，生活の活性化が不足している。

アセスメント
① 身体機能の状況
・脳梗塞の後遺症による全身の拘縮があり，車いすでの座位保持は1時間30分程度が限度である。
② 精神機能の状況
・重度の脳血管性認知症である。
③ 言語機能
・発語はあるが，意思の疎通はかなり困難である。
④ 感覚機能
・視覚・聴覚の障害はないものとみられる。
⑤ ADLの状況
・入　浴：全介助である。
・排　泄：全介助。紙おむつの使用である。
・食　事：全介助。主食はお粥，副食は消化のよいものを工夫している。
・移　動：全介助。車いすの使用。
⑥ 心理・社会的状況
　施設内の対人関係は比較的平穏な関係である。朝の集いにも参加し，戦後間もないころの歌を和やかな表情をして歌う。庭の花を見るのを好む。

家族関係
　夫は3年前に死亡。2人の娘がいる。
　長女は結婚して遠方に住んでいる。独身の次女はDさんが施設に入る前までは同居していたが，いつも仕事で帰りが遅い。日曜には面会に来て食事の介助をすることがある。そのときは，Dさんはにこやかな表情をする。

　a 介護職の掲げた生活課題については，まず，心身機能・口腔・栄養状態などに関する保健・医療・介護などからの専門的知見によるデータをもとにケアプランを作成する。これは，主として自然科学における分析的方法によるものである。介護過程について，保健・医療の専門的な参加を計画的に実践することが可能である。
　次いで，Dさんの精神的安定の課題について，これは，全人的アプローチの視点であるが，2つに大別して考えることができる。
　1つは，Dさんにとって温かく不安のない人間関係のうえに生理的・健康的ニーズ

が充足されることである。これについては、施設スタッフ、家族を含めた人間関係の形成、Dさんの心身の状況に対応した介護技術の適切な実践が計画される。

2つめは、Dさんの志向性（その動機づけ）の形成と、環境の調整である。人間の心は躍動感を求めている。何かに関心をもつ、だれかと共に生活している、または自分の行動が人びとから関心をもたれていると感じられ、あるいは社会的尊敬・評価の対象となっている。これらの感覚・自覚は、人間がただ生きているのではなく、どう生きようとしているのか、にかかわるものである。これは、日常の一つひとつの場面の連続である時間性のなかで次第に創造されていくものである。すなわち、ICFにいう「活動・参加」と「背景因子」にかかわることである。

介護過程には、このように多様なアプローチが内包されている。この複合的ニーズの充足を行う統合的なパラダイム（概念枠）を「生活支援モデル」と呼ぶ。

2. ICFにおける「活動・参加」

ICFにおける「活動・参加」について、ここでは2つの視点からみることにする。

1つは「活動・参加」のコンセプト（概念）である。単なる用語の理解ではなく、それが生活支援の状況においてどのような課題認識となっているかを考察しなければならない。介護過程において、「活動・参加」は生活支障の一つの状況から生じたものである。したがって、生活支障の的確な理解のうえに改善の方向性が考えられるのである。すなわち、背景因子を含めた「活動・参加」の概念は、状況の理解から今後の改善の方向性をともなうのである。

2つめは、介護過程における「活動・参加」の位置づけである。「活動・参加」はそれ自体が独立しているわけではなく、ある生活領域の1つである。したがって介護過程においては、例えば、日常生活のケアの場面における「活動・参加」であるし、アクティビティにおける「活動・参加」なのである。

ここでは、ケアに内在する潜在的な概念としてではなく、介護過程において「活動・参加」を意識的にとり上げる理由とその有用性について考察しよう。

1.「活動・参加」の基本的課題

ICFにいう「活動・参加」の概念は、生活支援モデルにおいては、生活の営みの場面における「活動・参加」とみる。社会的・生物的な一般概念における「活動・参加」として広義に捉えるのではない。

2．ICFにおける「活動・参加」

　まず第一の課題は，生活支援モデルにおける「活動・参加」という目的的な概念からである。人は，老い，病気，心身の障害を担って生きていくときに，まず生活の支障（困難）を克服するという課題に直面する。日常生活の活動の不自由さや社会的生活からの疎外の克服である。これは生活支障の克服の過程における「活動・参加」の課題である。その人の健康状態や心身機能・身体構造に起因する「活動・参加」の支障からの視点である。この点については，医学モデルによる分析的な理解が必要となる。

　第二の課題である生活支障の克服の過程における障害について，ICFの報告書では，「障害を主として社会によって作られた問題とみなし，基本的に障害のある人の社会への完全な統合の問題としてみる。」[1]とある。すなわち，「活動・参加」の概念は，社会環境とのかかわりにおける相互関係性から理解する必要がある。そのように考えると，「活動・参加」は，①個人の状況，②生活環境，そして③相互関係，といった要素をみることによって的確に理解することができる。ICFはこれを「背景因子」（個人因子，環境因子）としてあげている。

▶ 2．生活支援における「活動・参加」

　生活支援における「活動・参加」について，まず基本的な課題を解明し，そのうえで介護過程における「活動・参加」を考察しよう。

　「活動・参加」の課題は生活の営みにおけるものであるが，そのように措定したとき，まず"それでは生活とは何か"と問われる。しかし生活の多義性・多様性から，この問いに対してすぐに回答することはひとまずは不可能である。したがって，まずは生活支援において必要な生活の特性をみることとなる。そこには生活の営みの主体性，自立性，社会関係性の維持・回復，生活の志向性の価値概念が内包されていることに着眼する。すなわち，自らの意思と責任で生活を営んでいるということである。したがって，障害のある人が自らの障害を担って生きていくとき，その生活行動のうえで全介助を受けるとしても，その介護は利用者のライフスタイルの一部なのであり，利用者の自己決定による支配下にあると考えるべきである。身体的・精神的自立は人間の尊厳と主体性から導かれるものである。また，生活は家庭と社会の両者を含むものであり，その関係性は生活の本質をなすものである。

　さて，生活支援における「活動・参加」の根源は，人間の幸せを希求するという至高の価値の実現にある。人は常に何かを志向し，よりよき生活を求めている。例えば，会社員が営業で外出中に交通事故に遭い，脊髄損傷によって車いす常用者となった場合に，会社員としての生活と障害を担った生活とは，その人にとってコーヒレン

ト（coherent：首尾一貫）なのである。過去はよかったが現在はみじめなのではない。そこには，生きる価値の転換があり，それは障害を担って生きる新たな生活の設計なのである。

このように「活動・参加」を生活支援のなかに位置づけて，それを介護過程において具体化するのである。

3. 介護過程における「活動・参加」

この課題は2つの視点からみる必要がある。1つは介護過程における「活動・参加」の位置づけである。

「活動・参加」が介護過程の課題認識となってくるのは，基本的には相談からアセスメントの段階である。もちろん相談の場面では，必ずしも「活動・参加」といった言葉で話し合われるのではない。例えば，このまま家に何もしないでじっとしていると寝たきりになるのではと不安でいる，毎日やることがないのはつらいものだ，生きていても仕方がないと思う，趣味の絵を描きたいのだが手足が不自由で残念だ，といった事柄である。すなわち，生活のなかの言葉として表現されるのである。聞き手としての介護職は，その言葉の意味するところを解釈・推測・判断し，語られた内容は実際にはどのような状況を示しているのか，その状況に対してどう対応することが適切であるか，という課題認識が生まれる。その意味では，相談・アセスメントの段階から「活動・参加」の課題がとり上げられる。「活動・参加」が生活課題にあげられるのは，そこに生活支障の克服の可能性が漠然としたものであれ，認識されるからである。その点においては，「活動・参加」の背景因子における個人因子と環境因子のアセスメントが核心的項目となる。

2つめの基本課題は「活動・参加」にかかわる利用者と家族の意思についてのアセスメントがあげられる。

さて，「活動・参加」という概念が，何の脈絡もなくいきなり介護過程の課題になることはない。相談からアセスメントそして生活課題の設定にいたる経過のなかで，「活動・参加」を介護過程においてとり上げる理由と根拠（エビデンス）が求められる。そのためには介護の対象となる「活動・参加」について考察しておく必要があり，この点については2つの視点がある。1つは「活動・参加」を演繹的に"生活自立"の実践価値の実現であるとみる視点である。これは「活動・参加」の意義と目標を明確にするのであり，その理由は，利用者・家族および介護職（生活支援者）は共通の認識のもとに介護過程に参加することが求められているからである。すなわち自立の意義を理解し目標達成のために行動するのである。もう1つは，介護過程におけ

る「活動・参加」を生活課題にとり上げ，その根拠となる背景因子を明らかにして，その目標と内容について考察する視点である。

4. 生活自立のレパートリー（種目）

　生活自立のレパートリー（種目）には，①健康状態の改善，②機能訓練などによる身体機能の維持・改善，③精神の躍動感を基盤とする生活の活性化がある。一方，生活自立は広い領域をもつ包括的概念なので，ICFの「活動・参加」において具体的な形をみることになる。すなわち生活自立は，現在の環境的条件のなかで自己の選択と責任による生活の場面の活動を意図するものであり，また参加については，社会的・家庭的において何らかの役割を果たしていることである。それはその人が能動的に活動し，社会的な役割・機能を果たしている場合と，受動的にみて，社会からその人が存在していることに対して限りない尊敬のまなざしを受け，その人の人間関係がよい状態に構築されている場合がある。これらを包含する考え方として，身体と環境が総合的に認識されて，相互関係が形成され，相互の要素が変数としてかかわっていく過程において，現状の変革からさらによりよき方向性を求めていくのである。

5. 介護過程における「背景因子」

　人間の「活動」と「参加」は，背景となる個人因子と環境因子のもとに行われる。特に心身機能の障害に起因する制約（阻害因子）のなかにあって，いかに生活自立の領域を広げていくかという視点からの介護過程は重要である。ここでは，介護過程における「個人因子」と「環境因子」の位置づけについて考察しよう。

　まず因子とは何かを明確にしておく必要がある。因子とは，ある事柄の構成要素と考えることができるが，ここでの考察にあたっては，因子を要素還元的に分析して解明することにのみ意味を求めるのではない。いわば何のために「活動・参加」の因子をみるのかについてであるが，それは利用者・家族の生活の場面から"こうありたい"という生活の目的を有しながら常に変動する因子を解明するためである。すなわち「活動・参加」について何が制約となっているか，あるいは促進する因子とは何かを理解することである。そのことから，そこからいかにケアプランを構築するかの課題がみえてくる。因子の理解をアセスメントからみると，その時点では確定的な因子として扱う必要があるのではないかとういう考え方がありうる。たしかにアセスメントは，その時点の生活状況の資料の収集・判断である。しかしそれは固定したものと，変化しうるものとの両者が含まれている。例えば，心身の障害の状況と何かの動機づ

けの潜在的可能性とは異なるのであるが，それはけっして矛盾するものではない。1人の人間として，人格的に統合されるのである。

3. 事例をとおして考察する

▶ 事　例：5

Eさん　78歳　男性
障害程度：脳卒中による右片麻痺
生活形態：特別養護老人ホーム入所中

　　Eさんは脳卒中で倒れ入院。10ヵ月後に退院したが，妻の持病もあり介護が難しいとのことで，特別養護老人ホームを利用することになった。
　　施設を利用して6ヵ月が過ぎた。Eさんは人との会話もなく，介護職との会話も用件のあるときのみ「bさんお願いします。」と言うだけである。朝の集いやレクリエーションに誘っても，「ありがとうございます。そのうちに……」というのみである。ケアプランの作成の時期にケアマネジャーが「食事を自力摂取できるよう，利き手交換の訓練を計画したいのですが，いかがですか」と聞くと，Eさんは「訓練はもう結構です」と言った。ケアマネジャーは，これからEさんとどのようにかかわっていくべきかについて迷っている。

▶ 1. 生活自立，生活課題についての考察

　① Eさんは，過去・現在の生活状況の激変に戸惑っているのかもしれない。自らの生きる目標を見出せないでいる。
　　［自己の生きる意義を見出せないとすれば，活動の基盤が失われている。明日への志向性がすべての人間のエネルギーの源泉である。］
　② 施設利用していると，家族が自分から次第に遠くなっていくような不安と寂しさがある。
　　［家族が次第に遠のいていく，これはけっして小さな問題ではない。自己の生きる証としての社会・家族への参加・役割の喪失感である。］
　③ これまで随分がんばってきた。でも不自由さが残っている。これ以上何をがんばれというのだろう。
　　［何かをがんばる，というのはある目標と自己の精神的な躍動感が一致することである。心が自由であるためには，介護職との信頼関係に包まれた十分なケア，専門職

の助言，家族や友人とのかかわりといった環境因子が重要である。]

　これらはEさんの生活の事柄から，推測・解釈・判断するものであるから絶対的な基準を与えるものではない。しかし，人間生活の共有基盤からの洞察によって類推することはできる。さらにいうならば，経験則による類型的理解（診断）から考える枠組みの指標を得ることができる。そこからさらに発展させていく。

　これらについて介護過程においてどのように対応するかを考えてみる。介護過程における「活動・参加」の課題を捉えるには，まず健康状態，心身機能の損傷および低下の状況，それに起因する生活支障を要素分析的にアセスメントすることが必要である。そのポイントは，介護過程は生活支援の一つの方法としてみるのであるから，生活支障は生活の場においてその状況を理解されなければならず，心身機能と生活環境との相互関係における生活機能の状況をアセスメントするということである。

▶ 2.「活動・参加」の目的は利用者のニーズの充足にある

　ICFにおける「活動」は，その根底において利用者の有するニーズに基づかなければならない。そうでないと，パターナリズム（干渉主義）による支援活動になりかねない。利用者の有するニーズは，次のように分けてみることが適切である。

　(1) 生活環境の工夫によって生活の活動領域の広がりを意図するもの。①まず直接的な機能訓練，アクティビティである。例えば，高齢期における慢性疾患や心身機能の維持・改善を目的とするものである。このことは身体機能の訓練などにみられる直接的なかかわりによるものである。②ライフスタイルのありようからのアプローチである。生活の不活発や安静における廃用症候群を生じることを防ぐことである。

　(2) 生活における精神の躍動感をもてるよう支援することである。精神の躍動感とは何ものかを志向することである。すなわち志向性とは対象となる目的の認識とそれに向かい合う心の働きを意味するのである。異なった視点をとれば，利用者が自己の心身の障害を省察して，生活環境やサービス資源を自己の生活にとり入れて新たなライフスタイルを形成することである。例えば，脳卒中による右片麻痺をもつBさん(p.18, 事例2) は，車いすを使用する自分を受け入れることができないという認識があった。それは自己と車いすを別のものとしてみていたのである。しかしデイサービスセンターを見学することで，同じ障害をもつ仲間ががんばっている姿をみて，車いすを自己の事柄として捉え生活行動の広がりを認識できたのである。

▶ 4.「活動・参加」は自立の具体的実現である

　まず自立の概念を明らかにする。自立の原点は，自己の意思によって生活を営むことである。自己の意思によるとは，"あれか""これか"と揺れ動きながらも，選択と責任という主体性のもとにあることである。この全人的な主体性のもとに，ある志向性をもった「活動・参加」が実現されるのである。そのためには心の躍動から何かを志向する動機づけをもつことが必要である。次いで具体的な実践活動が行われる。それを捉えるためには ICF にいう「背景因子」としての「個人因子」と「環境因子」のアセスメントを基礎資料とする。

　自立について最も大切なことは，個人の尊厳を損なわずに介護過程が展開されることである。社会的活動や役割の喪失感，社会や家族からの疎外感，あるいは生活支援を受けることへのスティグマ（不名誉，負い目），将来への不安感などで，人間本来の自由闊達な表現の自由，意思決定の自由などが制約されていることも少なくない。そこには人間の自尊心（self esteem）の喪失がある。これらのことは，ICF にいう「活動・参加」は自立への価値の実現であることを示し，そしてそれは，2 つの視点からみることができる。1 つは個人と環境の関係はお互いに影響し合っていく，相互変数としての力動的（dynamics）関係である。2 つめは自立にかかわる社会システムの構築である。すなわち医療・保健・福祉などの各要素が目的的（ここでは生活自立）に集合するシステムである。

▶事 例：6

F さん　76歳　女性
障害程度：大腿骨頚部・肘関節骨折と認知症により要介護 4
生活形態：特別養護老人ホーム入所中

　F さんは，1 年 6 ヵ月ほど前に自宅で転倒，骨折して入院。退院後はほとんど寝たり起きたりといった生活であり，認知症の症状もみられるようになった。夫婦 2 人での暮らしであったが，夫も高齢で介護が難しい状況であるため，退院後の在宅生活は 3 ヵ月間ほどで，その後は特別養護老人ホームを利用することとなった。

　施設での生活では，F さんは離床して何かをしようという気力もなくなったようである。認知症状として記憶障害はみられるが，日常生活上の意思疎通は可能である。利用開始後 2 週間が過ぎて，ケアプラン（介護サービス計画）を作成することになった。

　担当の c 介護職は就職して間もないこともあり，d ケアマネジャーをリーダーとしてケアチームで基礎的な勉強会をすることになった。

4．「活動・参加」は自立の具体的実現である

dケアマネジャー：本日はFさんの生活課題について話し合いをします。まずアクティビティについてです。担当のcさんから，アクティビティをとり上げた課題認識を説明してください。

c介護職：私は担当として，身体機能を改善して日々の生活がいきいきとしたものになってほしいと願っています。そのためにケアプランにおいてアクティビティ（心身の活性化）を提案しています。

e看護師：いま提案されたアクティビティに身体機能の改善は含まれるのですか。仮に，医療の立場からみてFさんの身体機能の改善は難しいという場合にはどう考えるのですか。リハビリテーションとどう違うのかわからないのです。

f生活相談員：確かにアクティビティの概念を明確にしておく必要があります。ここでは機能訓練・健康管理などについては医師の診断・助言に基づいて行われます。そこで，ケアの一領域としてのアクティビティという考え方です。

g介護職：関連してとり上げてほしいのですが，ICFにいう「活動・参加」はどのようにかかわってくるのでしょうか。

主任介護職：まず，アクティビティの概念を明確にしてケアの目標を確かめることがよいと思います。

....

［定義］：生活の安心・安定感からの心身の躍動感への過程をめざす活動をいう。
〈カテゴリー1〉
　目的：心の躍動感——感動，思い出，懐かしさ，好奇心などにおける心の活性化。
　内容：音楽，絵画，昔を語る時間などを手がかりにする。
　方法：個人とグループに分けて行う。必要に応じ併用する。
　留意点：活動の場の雰囲気づくり，自由な表現，温かい人間関係。
〈カテゴリー2〉
　目的：個人および集団の場面における「活動・参加」による心身の活性化。
　内容：趣味活動，レクリエーション，外出，生活リハビリテーション。
　方法：個人および集団の場面における「活動・参加」。必要に応じて併用する。
　留意点：個人のニーズを的確に把握する。レパートリーの意義と目的を理解したうえで行う。

....

h介護職：ICFにいう「活動・参加」とはこのような場面でも考えてよいのでしょうか。

dケアマネジャー：ええ，そのように理解しています。介護保険法では介護予防

における「活動・参加」からFさんのような介護度の高い人までさまざまなバリエーションがあります。心身の機能と環境との関係における個別の状況を的確にアセスメントして，客観的妥当性のあるケアプランを作成したいと思っています。

c介護職：よくわかりました。でもFさんのように，そのことに関心をもたない場合にはどのようなケアプランになるのでしょうか。

主任介護職：そうですね，大切なことは2つあります。1つは，アクティビティは生活の一場面から始まることです。例えば，朝・夕・居室訪問時の挨拶，ケアを通じての声かけ，それらを常に尊敬の念と，よりよき生活への関心をもって行うことです。2つめには，人は誰でも困難を乗り越える力を潜在的に有していること，そして時間性のなかから次第に明日への志向性が生じることへの人間的信頼です。

5. 介護過程とケアプラン（介護サービス計画）

　介護過程は，介護サービスの基本的な方法（手順）を示すものであり，普遍性，論理性，客観的妥当性をもつ。それは同時に，ケアプランの根拠となる価値，知識，方法を体系的に示すものである。まず介護過程があって，それが個人のケアプラン作成の指標となるのである。ケアプランは一人ひとりの生活の姿をみて具体的なケアサービスを計画し，文書化するものである。どちらにとっても重要なことは，利用者，家族，介護関係者の共通の理解のもとに実践され評価されるという点である。特にケアプランは，利用者との契約に拠っている。そして契約は，介護サービス実践上の目標，内容，スケジュールなどについて合意した文書を作成したうえで取り交わされる。

　介護過程は介護サービスに関する基本的な理論と実践の体系を示すものであり，利用者の個別性，ニーズの多様性に対応しうる，モデルとしての性質を有している。介護過程の理論的構築を指標としてケアプランは作成されるのである。

　したがって，これまでICFにいう「活動・参加」，そして背景因子は，介護過程においてどのような意義と位置づけを有するかを解明してきた。一方では，ケアプランは一人ひとりの生活の個別性と意思を尊重して作成するものである。そこには人間関係，時間性，生活の場，ライフスタイルなどの特性を現実の課題としてみるのである。

5．介護過程とケアプラン（介護サービス計画）

　介護過程とケアプランの関係について，ケアプランは法制度を根拠とすることである。つまり社会の仕組みとして位置づけられる。例えば，「介護保険法」による居宅サービス計画，施設サービス計画が義務づけられている。これはケアプランが人権（特に生存権）の保障という理念価値から導かれて，具体的施策のうえに成り立っているゆえである。

　これまでICFの「活動・参加」を，介護過程においてどのようにとり入れるかを論じてきた。これは障害者が生活への「活動」と「参加」の機会が保証されるべきであるとの思想に基づいている。ノーマライゼーション思想の教えるところによれば，いつの時代にあっても老い，疾病，障害などによる生活支障（困難）を抱えている人びとがいる。しかしすべての人びとが幸せな生活を希求することは人類共通の価値観である。介護過程はその価値の実現を図るものであるといえる。

本章のまとめ

1. 介護過程の体系の本質は関係性であり，それは過去・現在・未来へという「時間性」と，生活の営みの「場」の関係の質である。このテーマを本章では，事例をもって述べている。
2. 介護過程における方法の科学性をみるときには，まず介護過程の各段階の解釈・判断の論理明晰性（筋道を立てて表現すること）をもって表現することである。論理明晰性とは，分析的理解（数量的・記号的な記述で），原因から結果の予測をもって判断すること，利用者と介護職が直接の関係を通して何らの媒介を要せずに全人的に理解・判断することの両面を統合的に示すことである。
3. ICFの「活動・参加」の概念は，演繹的には"生活自立"の実践価値の実現である。帰納的には個人のニーズの充足としての，日常生活動作の維持・改善，ライフスタイルの変容，環境を整えるといった方法があり，両者が相まって統合的にみるのである。
4. ICFの「活動・参加」は，利用者の主体性に基づく選択と責任のうえに行われる。そのためには，目標をもっていきいきと行動するための人間関係の形成が重要である。
5. ICFの「背景因子」である個人因子と環境因子は，「活動・参加」の促進・阻害因子としての特性をアセスメントなどで明らかにする。そして個人因子と環境因子は，関係性のなかで相互に影響し合っている。

▶引用文献

1) 障害者福祉研究会編：国際生活機能分類—国際障害分類改定版，厚生労働省，2002，p18.

▶参考文献

・黒澤貞夫：生活支援学の構想，川島書店，2006，p140.（特にICFにおける自立について参照のこと）

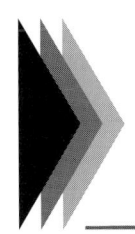

3章 ICFにおける自立と参加の歴史的考察

1. 障害者の自立生活運動（IL運動）と介護過程

　介護過程において「自立」という考え方をとり入れるにあたっては，その基本となる人間尊重の理念を考察しておく必要がある。すなわち「自立」は，人間尊重の基本的な理念から導かれるものである。その理念は，「日本国憲法」第11条（国民の基本的人権の永久不可侵性），第13条（個人の尊重），「世界人権宣言」第22条（自己の尊厳）などにおいて規定されている。このような規定は，人間の本質に根ざしたものであり，その主旨は高齢者や障害のある人の福祉を考えるときにも活かされなければならない。さらに，主体性という問題を考えるときには，老いや病，重度の障害のある状態であっても，人間は主体性を失うものではないということを知ることが重要である。このような人間尊重の基本的な理念は後述するICFの「活動・参加」に深くかかわってくる。

　そこで，基本となる主体性に基づく「自立」という問題について考える。

1. 主体性をもった生き方＝自立とは

　「自立」とは何かについて考えてみよう。「自立」とは，人間が自己の生き方を自ら決定していくという考え方で，自分の生き方や生活そのものは，その人が自ら営むものであり，自ら自分の運命を決定していくという思想的背景に基づいている。すなわち「自立」という思想の根底には人間の「自由権」の思想が深くかかわっている。このような自由権という考え方は，近代国際社会の最高の理念として掲げられ，法の制定の思想として理念的に示されてきた。例えば，日本国憲法第13条の個人の尊重から導かれるものとして「自己決定」がある。これは，高齢や虚弱であったり，障害があったり，死が間近にせまっているときであっても，自分の意思によって自分の生活のありようを決定する理念である。

　「自立」，「自己選択」，「自己決定」の理念は，介護保険の導入により医療・保健・福祉の分野で広く行きわたるようになったが，これまでは患者・利用者はいわゆる弱

者として一方的に保護・指導される存在として位置し，必ずしも尊重されているとはいいがたい状況にあった。これらの自立，自己決定の思想は，1970年代に米国で始まった自立生活運動（independent living movement：IL 運動）などの影響を受け，少しずつ医療・保健・福祉の分野に根ざしていった。

1）自立生活と自立生活運動（IL 運動）の背景

　米国の独立宣言（1776）やフランス革命の人権宣言（1789）を背景に，人権思想を根源にして，1960年代はじめ，米国ではキング牧師（Martin Luther King Jr, 1929-1968）をリーダーとする黒人の公民権運動が盛んになり，1970年代にはその影響を受けた一部の障害者が「自立生活運動（IL 運動）」に立ち上がり，その流れのなかで障害者にとっての新しい「自立観」が形成されたといわれている。

　自立観とは，「障害とは『その人の個性』の一部」であって，ここでいう「『自立』」とは，すなわち自分自身の生き方は，自分自身の『意思』で決めていくこと」であり，それは「自分自身の人生における『あらゆる事柄』において，それらを自分自身の『意思』に基づき，自分の『責任』において，自分で選び取っていくことである」[1]という思想である。

　米国に端を発した IL 運動は，その後めざましい進展を遂げ，自立生活（IL）の理念は世界各国で精力的に取り組まれてきた。定藤丈弘は IL 運動での代表的な規定として，「障害者が他の人間の手助けを多く必要とする事実があっても，その障害者がより依存的であることには必ずしもならないのです。人の手を借りて15分かかって衣類を着，仕事にも出かけられる人間は，自分で衣類を着るのに2時間かかるために家にいる他はない人間より自立している」[2]ことを例にあげている。そこでは，障害者がたとえ日常生活で介護職のケアを必要としても，自らの人生や生活のあり方を自らの責任において決定し，また自ら望む生活目標や生活様式を選択して生きる行為，すなわち「自己決定」や「自己選択」の行為を「自立」としている。米国ではこの運動の影響により1978年に「リハビリテーション法」が改正され，さらに1990年には「障害をもつアメリカ人法（ADA；American with Disability Act）」の制定へとつながっていく。

2）日本における自立生活運動（IL 運動）

　第二次世界大戦後の日本の障害者福祉における自立とは，主として日常生活活動（activities of daily living：ADL）の自立とその延長線上にある職業更生，すなわち，就労して経済的に自立することが基本的な考えであった。1949（昭和24）年に「身体障害者福祉法」が制定されたが，1970年代までは自立とは職業的更生により，公的扶助

などに依存することなく，経済的に自立して生活することを意味していた。高度経済成長の時期にあっても施策の方向に大きな変化はなく，経済的自立の可能性のあるものは雇用され，それ以外の障害者は家族の扶養に委ねるか，施設収容という施策であった。

　しかし，1980年代に入ると自立に対する考え方に大きな変化がおとずれる。1981（昭和56）年の国連の「完全参加と平等」をスローガンに掲げた「国際障害者年」と，それに続く日本の「障害者対策に関する長期計画」〔1982（昭和57）年〕の策定を契機に，新しい自立の概念が確立された。障害のある人たち自身の自己主張と主体的な社会行動を後押しすることになり，1981年の『厚生白書』には「ノーマライゼーション」の思想が紹介された。また，リハビリテーションの理念として，「障害者の主体性，自立性，自由といった人間本来の生き方の尊重であり，必ずしも就労や経済的自立にとどまるものではない」[3]という考えが紹介され，日本でも障害者の自立に対する考え方が次第に変化してきた。

　1990（平成2）年に改正された「身体障害者福祉法」では，第1条（法の目的）において「自立と社会参加」を掲げ，第2条において「自立への努力及び機会の確保」を示している。

　一方，それまで加齢や病で障害を有する高齢者は，自立した存在としてよりも，保護の対象として存在していた。しかし，1980年代に入ると高齢者をとり巻く状況も大きく変化し，1989（平成元）年の「ゴールドプラン」，1994（平成6）年の「新ゴールドプラン」を経て，1998（平成10）年の「社会福祉基礎構造改革について（中間まとめ）」の基本方針をもとに2000（平成12）年に「介護保険法」が施行された。「介護保険法」では介護サービス利用主体を高齢者や障害者であると明記し，保険の利用を申請によるものとして利用者の選択により介護サービスを利用できるものにした。

　このような制度的変遷はどのような理由でもたらされたのであろうか。それには2つの視点が考えられる。1つは，慢性疾患や不可逆性の外傷により，治療から訓練，そしてADLや経済的自立への図式がはかれなくなった人びとの増加と，その人の生活の質（quality of life：QOL）の問題が生じてきたことである。2つめは，ノーマライゼーションの思想によって，いかなる障害があっても人間らしく地域社会において生活する権利があるという思想が，一般化・普遍化してきたことである。これらがILの捉え方の変遷の背景にある。

2. 高齢者・障害者の自己決定による生活の営み

　高齢者・障害者の生活の営みにおける自己決定の本質を2つの視点からみると，1

つは，生活の営みの個別性はその人の意思に基づいていること，2つめは，それに対する生活支援者の専門職としての役割があげられる。つまり，自分が住みたい場所に自分の意思で住み，障害があることで生活の営みに支障が出てくる事柄に対しては，それぞれの専門職の支援を受け，そのためのケアプランには，本人の意思が反映された内容が求められる。

ICFにいう「活動・参加」の視点でそれをどのように捉えたらよいかを，次の事例で考えてみたい。

▶事　例：7

Gさん　80歳　男性
障害程度：脳卒中後遺症による右片麻痺
生活形態：居宅，独居

　Gさんは6年前より片麻痺となり，生活が不自由になった。加えて，それまで身の回りの世話をしていた妻が亡くなり，居宅での生活が難しくなってきた。子どもたちからは，介護を受けられる施設への入所を勧められているが，Gさんは町会役員をした地域において妻との思い出のある今の家で，長年飼っている老犬とこのまま一緒に生活を続けることを希望している。

　ここでは，高齢期にいたって障害をもつこととなったGさんが，生活の支障を克服していく過程において「活動・参加」をどのように捉えているかがテーマとなっている。

　Gさんが，自分のライフスタイルとして，不自由ながらも在宅での生活を維持したいという希望をもっているという事実と，町内会の一員となっている地域社会において住民としての役割（参加）を担って生活したいというニーズを，いかに尊重しながら生活支援を行っていくかということが問われている事例である。

　「活動」とは，自己の意思によって生活を営むその人の主体性であると考えれば，Gさんの意思をどのように支援していくかが問われてくる。すなわち，Gさんの自己決定による生活の営み，つまり介護や福祉用具や住宅改修などの支援によってGさん自身の活動能力と環境が変化し生活できることを，「活動」と考える。

　「参加」とは，社会的役割を担うことを意味している。具体的には，町内会に入っている，夫・妻としての役割を担う，会社員として会社に所属する，趣味活動のサークルに入っていることなどを指している。私たちは家族をはじめ何らかの集団に所属し，そこで何らかの機能を担い，役割を期待されている。Gさんにとっては，妻と暮らしたこの地域の住民としての，そして老犬の飼い主としての役割が安定的に保障されることが生活課題となっている。

3.「障害者自立支援法」と ICF との関係

　障害者の自立については，2005（平成17）年11月に制定された「障害者自立支援法」の理念と目的についてみていく必要がある。これまで，身体障害，知的障害，精神障害など，障害種別ごとに福祉サービスや公費負担医療の利用の仕組み・内容が異なっていたため，障害者が地域社会のなかで家族や友人とともに生活することを望んでも十分なサービスを受けにくく，実現が難しかった。そのため，利用者の増加に対応でき，制度をより安定的かつ効率的なものにするために，「障害者自立支援法」が2006（平成18）年4月に施行された。この法律の要旨は以下の3つである。

　① 障害者が障害の種別（身体障害・知的障害・精神障害）にかかわらず，地域社会の福祉資源（生活支援資源）を効果的に利用するためにサービスを一元化し，市町村の有する相談機関を活用することによって，障害者の個別的な社会的活動や社会的参加を経済的に保障する。

　② 障害者の「活動・参加」について，身近な市町村がサービスを一元化し，自主的に責任をもって保障する。

　③ 障害者の「活動・参加」について，就労という視点に重きをおく。

　ケアの展開過程から「障害者自立支援法」を概観すると，利用者の主体的な生活の営みを尊重し，「活動・参加」を保障するための個別支援計画を策定することを法律上明記してあることが，重要な意味をもつ。

　このことを ICF との関係で考えてみると，「障害者自立支援法」に拠る制度の骨格である自立支援給付により，生活の支援の中でも重要な就労について，人との関係性の維持が図られ，仕事に向かう意欲が強められ，就労への社会的環境の整備が行われることが，ICF における「活動・参加」と大きくかかわっているといえる。

2. リハビリテーションと介護過程

1. リハビリテーションとは

　ICF における「活動・参加」を理解するためには，リハビリテーション（rehabilitation）の源流から考える必要がある。

　医療の分野でのリハビリテーションとは，主に，何らかの障害により動かなくなった手足の動きを回復させる「機能回復訓練」と認識されてきた。障害のある人に対し，このような訓練中心の考え方でリハビリテーションが行われていたのは第一次世

界大戦（1914-1918）後である。ここでのリハビリテーションとは，戦争で障害を負った傷病兵に対し，一人前の人間として社会に復帰すること，主に職業訓練を意味していた。

1982年に提唱された国連障害者世界行動計画における定義では，「リハビリテーションとは，身体的，精神的，かつまた社会的に最も適した機能水準の達成を可能にすることによって，各個人が自らの人生を変革していくための手段を提供していくことをめざし，かつ，時間を限定したプロセスである」とされている。

これらの経過を経て現在では，リハビリテーションとは，疾病・外傷などにより障害を担った人が，医療，訓練，心理・社会的援助，環境整備などによって人間的な回復を図る過程を意味するようになった。上田　敏は「リハビリテーションとは訓練でも単なる社会復帰でもなく，人間性の根源に触れるような意味をもったことばであり，『人間らしく生きる権利の回復』すなわち，『全人間的復権』である」[4]と定義している。

このようなリハビリテーションの考え方には，ICFの「活動・参加」の考え方が深く組み込まれている。したがって，このリハビリテーションの概念を介護過程に援用することが有効となる。

次に，介護過程の面からリハビリテーションについて考える場合には，2つの視点が重要になる。1つはリハビリテーションの理念が介護過程の展開に大きくかかわり，このことが自立の問題を考える際に有益な資料を提供してくれることである。2つめは，介護過程が，医療，看護，介護，生活などの学際的な連携・協働のもとにシステム的に実践されていることである。この2つが，介護の展開過程において統合的に援用されることにより，生活上のリハビリテーション（生活支援におけるリハビリテーション）が可能になる。

2. ICFの「活動・参加」とリハビリテーション

1）介護予防の視点から

介護予防については，介護過程の視点でどのようにプランニングするかが課題となる。

介護予防は，高齢者や障害者などの日常生活上の不自由さの起因となる心身の機能の損傷・低下を，機能訓練，生活の活性化，ライフスタイルの変容などによって，軽減またはその低下を緩やかなものにするという目標をもつ。そのため，介護予防という領域から，リハビリテーションの理論的・実践的な視点，技法の援用方法を考える必要がある。ここでは2つの視点が考えられる。1つは医療面における機能訓練にか

かわる知識・技法をどのように介護予防に活かすかであり、2つめは介護そのものの技法として介護予防をどのように行うかである。

つまり、介護職が医療・保健・栄養などの専門職の所見や技法をよく理解し、それをとり入れ、介護の技法のなかにいかに組み入れていくかという課題である。このことは介護予防を生活支援の一つの領域としてみることでもある。すなわちケアプラン作成において、介護過程を組み立てる際に、保健・医療などのデータを生活支援の視点からどう組み入れるかである。

そもそもリハビリテーションは、単独の学問的領域で成り立つものではなく、常に学際的なものである。介護過程における介護予防においても、多くの専門職がかかわりながらケアプランを作成することになる。特にここでは、リハビリテーションの思想、福祉用具の活用、具体的な機能訓練の展開において、これまでのリハビリテーションにおける考え方、知識・技法を十分に活用することが求められる。

2）介護過程にリハビリテーションはどのようにとり入れられるか

介護過程における障害者の生活支障を考えてみる。障害問題の多くは、人生の中途において疾病や外傷により生活支障をともなってくることに起因する。それにより、これまで生きてきたライフスタイルから、障害者としてのライフスタイルへの変容を迫られる。つまり、これまでの生活という歴史を尊重しながら、障害を担っての生活へと調和することになる。このことをICFにいう「活動・参加」の視点からみると、これまでの生活史における「活動・参加」のうえに、新たな障害を担っての「活動・参加」の歴史が加わり継続していくことを意味している。これを別の視点から考えれば、生活の価値観を、障害のある生活の価値観に転換する必要性が生じてくる。これを"価値の見直し"、"価値の転換"ということができる。つまり、ICFにおける「活動・参加」は、新たな障害者としての生き方がそこに存在することを示している。

上記の視点を介護過程にとり入れる場合に、2つのアセスメントの視点が考えられる。1つはアセスメントにおいて、利用者の心身機能の状況やおかれた生活状況を十分に理解しておく必要があるということである。利用者の身体構造、健康状態や合併症などについて、十分なアセスメントを行うことが前提条件となる。2つめは、介護職には利用者の心理・社会的状況をよく自覚したうえで、リハビリテーションにおける動機づけのアセスメントを行うことが求められるということである。つまり介護職は、利用者が自分のおかれている状況をどう理解しているかを知るために十分なアセスメントをし、そのうえでリハビリテーションが必要とされる利用者のケアプランについては、適切な助言や情報の提供が行われるべきである。

3. ADLからQOLへ

　リハビリテーションの意味が，前述したように「全人間的復権」をめざすものへと変化したことにより，リハビリテーションの目標は，ADLの機能訓練を焦点化したものから，その人の生活全体を見つめ，利用者個人のQOLの向上という視点へ変化している。

　手足が動かせ，日常生活動作が拡大することで表されるADLのような具体的な概念に比べ，QOLは抽象的・多義的な内容をもち質的な概念であるため，単純にADLからQOLへと推移の形を論じることはできないが，両者の視点を明確にすることには意味がある。

　QOLをリハビリテーションの理念価値として掲げることにより，ICFにおける「活動・参加」の価値も裏づけられることになる。すなわち，老齢化，不可逆性または進行性の疾病を有したり重度の障害があっても，「生きがい」や「生活の喜び」をいかにとり戻して人間らしく生きていけるかの視点をもつことが重要となる。

3. ノーマライゼーションと介護過程

　ノーマライゼーションと介護過程との関係を考えるためには，ノーマライゼーションという思想の発祥の背景を知るとともに，バリアフリーについても理解する必要がある。

1. ノーマライゼーションの歴史的背景

　ノーマライゼーション（normalization：ノーマリゼーションとも表記されるが，ここではノーマライゼーションと記す）は，デンマークの社会省の行政官であったニルス・エリク・バンク−ミケルセン（N. E. Bank-Mikkelsen　1919-1990）によって提唱された言葉である。第二次世界大戦時ナチスの強制収容所に収容された経験をもつ彼は，戦後，知的障害者施設の担当行政官になり，いくつもの大規模施設を視察して，そこで生活する知的障害者の生活に疑問を感じ，「知的障害を有していても，その人は，ひとりの人格をもつものであり，ノーマルな人びとと同じように生活する権利をもつ人間である」という考えを提唱した。この提案は議会で審議後，「1959年法」として制定され，ノーマライゼーションの理念は，デンマーク国内はもとより北欧から世界へと広がっていった。

2. 日本におけるノーマライゼーションの理念

　先進国には遅れたものの，日本においてもノーマライゼーションの理念は1980年代半ば以降に次第に普及し，1995（平成7）年にリハビリテーションとノーマライゼーションの理念を踏まえ，「障害者プラン―ノーマライゼーション7か年戦略―」が策定された。ここでは「障害者が地域で生活するため」，「社会的自立を促進するため」，「バリアフリーを促進するため」，に加え，われわれ一般住民がもっている障害者に対する心の障壁を取り除かなければならないとする「心のバリアを取り除くため」，などの7つの視点が示された。これにより，障害のある人びとが地域社会のなかで共に暮らせる社会をめざし，ホームヘルパーの増員などについてはじめて数値目標が設定された。

　ICFにいう「活動・参加」との関連でみるならば，環境のバリアフリーと心のバリアフリー（差別感の排除）というものが社会的に改善されなければ，ノーマライゼーションは実現されないことがこの時点で示されたことになる。これは，ICFにいう阻害因子にかかわるものであるが，ここではより広く解釈し，社会の人びとの意識にかかわる阻害因子というように解釈することが適当ではないかと考える。

　このプランが終了したのを受けて，2003～2012年の10年をかけて，障害者の社会参加・参画推進の基本方針を示した新しい「障害者基本計画」が2002（平成14）年12月24日に閣議決定された。この計画は，今までのリハビリテーションとノーマライゼーションの理念を継承して，障害の有無にかかわらず，誰でもが人格と個性を尊重し支え合う「共生社会」の実現をめざしている。また，施策推進の基本的な方針として，横断的に，①社会のバリアフリー化の推進，②利用者本位の支援，③障害の特性を踏まえた施策の展開，④総合的かつ効果的な施策の推進，の4つの視点を掲げた。これにより，障害者の活動と参加への動きがいっそう活発になっていった。

3. ICFにいう「活動・参加」の思想的根拠

　ノーマライゼーションの理念は，当初，知的障害者の施設処遇のあり方をめぐって提唱されたのだが，その後，障害のある人すべてに共通する理念として，そして現在では高齢者福祉や児童福祉などを含む社会福祉の全領域に共通する基本理念として受け入れられてきている。北野誠一は「障害者の選択の幅に『その本人と同様の年齢で同じ性別の市民にとって，一般的とされるライフスタイル』が入っていないとすれば，それはノーマライゼーションの原理に反している」[5]と述べている。つまり，ノーマライゼーションの思想を引用しなくても，私たちがそれぞれのライフスタイルに

沿って，自分で何らかの役割を担い，社会生活をおくることができる社会を望み，実現をめざしているのである。

　ノーマライゼーションの理念を，ICF にいう「活動・参加」の思想的な根拠としてとり入れるには，2つの視点が考えられる。1つは，個人の主体性や自己決定に関すること，2つめは，社会的思想のあり方として人びとの生活のありように関することである。後者の視点により，ノーマライゼーションの理念を世界的な潮流としてここでとり上げるに値するものと考える。つまり，高齢者も障害者もすべての人が平等で豊かな生活を共有できる権利があり，そのための環境を構築していく必要があるという思想である。これを介護過程という具体的な面から考えた場合，「活動・参加」の実質的な背景を議論することになり，アセスメント因子としては，背景因子と環境因子を論じることが重要になる。

資　料

1.「日本国憲法」第11条「基本的人権の永久不可侵性」

　国民は，すべての基本的人権の享有を妨げられない。この憲法が国民に保障する基本的人権は，侵すことのできない永久の権利として，現在及び将来の国民に与へられる。

2.「日本国憲法」第13条「個人の尊重」

　すべて国民は，個人として尊重される。生命，自由及び幸福追求に対する国民の権利については，公共の福祉に反しない限り，立法その他の国政の上で，最大の尊重を必要とする。

3. 世界人権宣言

　1948年第3回国連総会において採択された。「すべての人民とすべての国家が達成すべき共通基準」（宣言前文）を定めたもので，この宣言自体には，何ら法的な拘束力はないが，近代人権宣言の集約であり，いわば人類憲法の前文として歴史的位置を占める。この宣言が，1966年「経済的・社会的及び政治的権利に関する国際規約」（国際人権A規約），「市民的及び政治的権利に関する国際規約」（同B規約），「同選択議定書」（同C規約）に結実した。日本は，1979（昭和54）年にA規約とB規約に批准した。

（中央法規出版編集部編：社会福祉用語辞典，中央法規出版，2000，p.226．）

4. 完全参加と平等

　国連の国際障害者年のメインテーマである「完全参加と平等」については，次のように述べられている。「国際障害者年の目的は，障害者がそれぞれ住んでいる社会において，社会生活と社会の発展における『完全参加』並びに彼らの社会の他の市民と同じ生活条件及び社会的，経済的発展によって生み出された生活条件の改善における平等な配分を意味する『平等』という目標の実現を推進することにある。こうした考え方は，すべての国においてその発展の水準いかんにかかわらず，同様に，等しい緊急性をもって取り入れられるべきである」

　すなわち，「完全参加」とは，あらゆる分野の活動に参加する機会が与えられるということを意味している。ここでは社会参加の機会を保障されることによって，障害を持つ人たち自身がその社会の発展に貢献できるようになることを指摘している。また，障害を持つ人たちが，政策を決定する過程に主体的に参加することの重要性を強調している。「平等」とは，同年代の市民と同等の基本的権利を持つということで，障害を有するという理由だけでいかなる差別も認めないということである。

（三ツ木任一：2.障害者福祉の理念，障害者の福祉，放送大学教育振興会，1999，pp21-22．）

5.「障害者自立支援法」

　障害者・児がその有する能力と適性に応じ，自立した日常生活または社会生活を営むことができるよう，必要な障害福祉サービスに係る給付その他の支援を行うことにより，障害者・児の福祉の増進を図り，障害の有無にかかわらず国民が相互に人格と個性を尊重し安心して暮らすことができる地域社会の実現に寄与するため，制定された。主な内容は，

1. 自立支援給付は，障害福祉サービス，自立支援医療，補装具の購入などに要する費用の支給とし，当該給付を受けようとする者は，市町村等に申請を行い，その支給決定等を受ける。
2. 自立支援給付の額は，障害福祉サービス等に通常要する額の100分の90を原則としつつ，利用者の負担が多額となる場合については，家計に与える影響等を考慮して給付割合の引き上げを行う等，負担の軽減措置を講ずる。
3. 市町村及び都道府県が行う地域生活支援事業に関することを定める。
4. 市町村及び都道府県は，国が定める基本指針に即して障害福祉サービスや地域生活支援事業等の提供体制の確保に関する計画である障害福祉計画を定める。
5. 自立支援給付に要する費用は，一部都道府県が支弁するものを除き市町村が支弁し，その4分の1を都道府県が，2分の1を国が，それぞれ負担する。

(厚生統計協会編：第6章障害者福祉．国民の福祉の動向．2005；52（12）：110．)

6. ノーマライゼーションの原則

全ての人が当然もっている通常の生活をおくる権利をできる限り保障する，という目標を一言で表したもの。ノーマライズするというのは，生活条件のことをいっている。障害そのものをノーマルにすることではない。

普通の生活条件とは，現在その国の一般の市民が文化的，宗教的，社会的枠組みの中で暮らしている生活条件，あるいはその枠組みの中で目標とされている生活条件を指す。つまり，住む所，活動する所，余暇を過ごし休息する所をもつ権利を有し，さらに投票権その他の人権，社会生活に参加する権利，移動の権利，隔離されることなく自由な市民である権利，異性と一緒に住む権利，性生活をもつ権利，結婚し子どもを持つ権利，各人のニーズに応じて福祉サービスを受ける権利など，人間として処遇される権利などである。

(花村春樹：ノーマリゼーションの父—N.E.バンク—ミケルセン，ミネルヴァ書房，2004，p155，p156，p164．)

本章のまとめ

1. 介護過程において「自立」という考え方をとり入れるにあたっては，その基本となる人間尊重の理念を考察しておく必要がある。
2. 人間尊重の基本的な理念は，「日本国憲法」第11条（国民の基本的人権の永久不可侵性），第13条（個人の尊重），「世界人権宣言」第22条（自己の尊厳）などにおいて示されている。
3. 「全人的復権」というリハビリテーションの考え方には，ICFの「活動・参加」の考え方が組み込まれている。
4. リハビリテーションにおける「活動・参加」は，障害者としての新たな生き方が存在することを示している。
5. ノーマライゼーションの理念を，ICFにいう「活動・参加」の思想的な根拠としてとり入れることには，2つの視点が考えられる。1つは，個人の主体性や自己決定に関すること，2つめは，社会的思想のあり方として人びとの生活のありように関することである。

▶引用文献

1) ルシア・ガムロス，ほか編，岡本祐三，秦 洋一訳：自立支援とはなにか，日本評論社，1999，p12.
2) 定藤丈弘：アメリカにおける障害者の自立生活運動と課題，ノーマライゼーション 障害者の福祉 1997；17（189）：41.
3) 厚生統計協会編：第6章 障害者福祉，国民の福祉の動向 2005；52(12)：110.
4) 上田 敏：第二版増補版の序，リハビリテーションの思想 第2版，医学書院，2004，piii.
5) 北野誠一：障害者の自立生活と自立生活支援，現代の障害者福祉，有斐閣，2003，p65.

▶参考文献

・黒澤貞夫：生活支援とは何か，生活支援の理論と実践，中央法規出版，2001，pp7-8.
・黒澤貞夫：第7章 生活支援における自立について，生活支援学の構想，川島書店，2006，pp123-145.
・三ツ木任一：障害者福祉の理念，障害者の福祉，放送大学教育振興会，1999，pp27-29.
・花村春樹：ノーマリゼーションの父—N.E.バンク−ミケルセン，ミネルヴァ書房，2004
・坂口早苗，坂口武洋：セクシュアリティにかかわる教育−生・生命・愛の教育−（2），川村学園女子大学研究紀要 2006；17（1）：120-121.

4章 介護過程における個人因子と環境因子

1. ICFにおける「個人因子」と「環境因子」

1. ICFの用語としての「個人因子」と「環境因子」

　世界保健機関（WHO）は2001年，すべての人を捉えるときの共通言語としてICF（International Classification of Functioning, Disability and Health ; 国際生活機能分類）を提唱した。その目的は，健康状況と健康関連状況を記述するための，統一的で標準的な言語と概念枠組みを提供することである。

　介護過程における個人因子と環境因子についての論を展開する前に，ICFにおいてはこれらについてどのように述べているかを，以下に確認しておく。

　背景因子（contextual factors）：個人の人生と生活に関する背景全体を表す。それは環境因子と個人因子の2つの構成要素からなり，ある健康状態にある個人やその人の健康状況や健康関連状況に影響をおよぼしうるものである[1]。

　環境因子（environmental factors）：人びとが生活し，人生を送っている物的な環境や社会的環境，人びとの社会的な態度による環境を構成する因子のことである。この因子は個人の外部にあり，その人の社会の一員としての実行状況，課題や行為の遂行能力，心身機能・構造に対して肯定的な影響または否定的な影響をおよぼしうる。
　（1）環境因子は，この分類の中では，次の2つの異なるレベルに焦点を当てて整理されている。
　（a）個人的：家庭や職場，学校などの場面を含む個人にとって身近な環境。人が直接接触するような物的・物理的な環境や，家族，知人，仲間，よく知らない人などの他者との直接的な接触を含む。
　（b）社会的：コミュニティーや社会における公式または非公式な社会構造，サービス，全般的なアプローチ，または制度であり，個人に影響を与えるもの。これは就労環境，地域活動，政府機関，コミュニケーションと交通のサービス，非公式な社会のネットワーク，更に法律，規定，公式・非公式な規則，人びとの態度，イデオロギーなどに関連する組織やサービスを含む。

(2) 環境因子は，心身機能，身体構造，活動，参加といった構成要素と相互作用する。各構成要素について，相互作用の性質と程度は将来の科学的な研究により解明されるべきである。障害は，個人の健康状態と個人因子間の複雑な関係の結果として，またその個人が生活している状況を示す外部因子の結果として特徴づけられる。このような関係のために，異なった環境はある健康状態にある同一の人に対して，非常に異なった影響をおよぼしうる。阻害因子を含んでいたり促進因子のない環境は，個人の実行状況を制限するであろうし，より促進的な環境はその実行状況を向上させるであろう。社会は個人の実行状況を，阻害因子を作り出すこと（例：利用できない建物）で，あるいは促進因子を供給しないこと（例：福祉用具が利用できないこと）で妨げる可能性がある[2]。

個人因子（personal factor）：個人の人生や生活の特別な背景であり，健康状態や健康状況以外のその人の特徴からなる。これには性別，人種，年齢，その他の健康状態，体力，ライフスタイル，習慣，生育歴，困難への対処方法，社会的背景，教育歴，職業，過去および現在の経験（過去や現在の人生の出来事），全体的な行動様式，性格，個人の心理的資質，その他の特質などが含まれるであろうし，これらの全部または一部が，どのレベルの障害においても一定の役割をもちうる。個人因子はICFには分類として含まれていないが，その関与を示すために図1（筆者注：本書ではp.10，図1・3）には含まれている。この因子の関与はさまざまな介入の結果にも影響しうる[3]。

個人因子も背景因子の構成要素である。しかし，社会的・文化的に大きな相違があるために，ICFでは分類されていない[4]。

促進因子（facilitators）：ある人の環境において，それが存在しないこと，あるいは存在することにより，生活機能が改善し，障害が軽減されるような因子をいう。これには利用可能な（アクセシブルな）物的環境，適切な福祉用具が利用可能なこと，一般の人々が障害に対してもつ肯定的な態度，また健康状態に問題のあるすべての人が生活・人生のあらゆる分野に関与することを促進することを目的としたサービス・社会制度・政策が含まれる。ある因子が存在しないこと（例えば，偏見や否定的態度がないこと）もまた促進因子となりうる。促進因子は，機能障害や活動制限が参加制約につながることを防ぐことができる。それは個人の能力に問題があったとしても，現実的に行為の実行が増強されるからである[5]。

阻害因子（barriers）：ある人の環境において，それが存在しないこと，あるいは存在することにより，生活機能が制限され，障害を生み出すような因子をいう。これらには利用不可能な（アクセシブルでない）物的環境，適切な福祉用具がないこと，一般の人々が障害に対してもつ否定的な態度が含まれ，また健康状態に問題のある人が生活・人生のあらゆる分野に関与することを促進することを目的としたサービス・社会制度・政策が存在しないか，かえってそれを妨げるものになっていることが含まれる[6]。

▶ 2. ICFの特徴としての「個人因子」と「環境因子」

　ICFは，1980年に発表されたICIDH（International Classification of Impairments, Disabilities and Handicaps：国際障害分類）の改定版として，2001年5月に採択された。ICFは生活機能と障害の分類として，相互作用的で発展的な過程を重視し，多角的にアプローチすることができるために，保健・医療・福祉の分野においても共通言語として活用できる。

　相互作用的で発展的な過程を重視するということは，図1・3「ICFの内容」(p.10)が示しているところの，健康状態（変調または病気），心身機能・身体構造，活動，参加と個人因子，環境因子の矢印がすべて双方向をもっていることが示すように，全要素間に相互作用が働いていることに表れている。ICFは，単に心身機能の障害による生活機能の障害を分類するという考え方ではなく，個人の生活機能は健康状態と背景因子（個人因子と環境因子）との間に，相互作用あるいは複合的な関係があることを明確にし，背景因子の存在に光を当てたことに大きな特徴がある。

1）個人因子

　ICFにおいては個人因子を要素としてとり入れているが，分類されていない。個人因子が分類されない理由として「社会的・文化的に大きく相違があるため」と記述されている。国際的な基準という性格上，世界中のすべての国や地域のさまざまな政治・社会制度や，文化・伝統を背景とした個人の生活について一律に分類することはできないであろうし，日本国内に限定して考えても，そもそも個人の生活の背景や生活歴は実に多様であり，一律に分類することは困難である。しかし，「個人の人生や生活の特別な背景であり」として，その特徴を列挙しており[7]，さらに，「分類されていないが，利用者はICFの適用に際してこれを組み込むことができる」[8]としている。ICFの適用にあたって個人因子を要素とすることを妨げているわけではない。

　むしろ，個人の生活の背景や特徴をとり上げ，生活支援やサービス提供を考える際の要素とすることは，介護過程の展開において欠かせない。問題になるのは，どのような考え方や方向性で要素として取り入れるかである。介護過程は生活支援の具体的な方法であるから，生活支障の原因となる健康状態や心身機能の状態，本人や家族の心のあり様は，要素として取り上げるべき重要な個人因子である。

　また，ICFは個人因子について，「健康状態や健康状況以外のその人の特徴からなる」[9]とし，その肯定的側面・否定的側面については「非該当」としている[10]。その理由は，個人因子がもつ非定型的で多様な諸側面の，あるものを肯定的側面あるいは否定的側面と断定してしまうことによって，「活動・参加」への可能性を閉ざしてしま

うような場合があることを考慮・危惧してのことであると考える。例えば，リハビリテーションによっても回復できないような身体機能の支障がある場合，それを否定的側面と断じてしまうことは「活動・参加」の制約・制限へとつながってしまう。そのような判断を行わず，回復不能な支障があっても，社会ならびに本人を取り巻く環境の整備やエンパワメント，本人の内心の変容などを支援することによって「活動・参加」を指向することがICFの基本的理念であるからである。

　介護においては，的確なアセスメントに基づいたケアプランによる適切なサービスによって，個人因子の否定的側面を肯定的側面へと転化するような支援が求められる。そのためには，個人因子の否定的な側面について，「制限・制約」といった判断をともなわない的確な把握が不可欠である。したがって本書では，個人因子の中にも「促進因子（肯定的側面）」「阻害因子（否定的側面）」が含まれるものとして議論を展開する。

2）環境因子

　ICFでは，客観的評価が可能な物理的・人的環境を，環境因子として分類している。環境因子の理解については，車いすを利用している人にとって駅のエレベーターや人的サービスの有無が，個人の活動と参加に影響するというような例をあげている。この例の場合を分類でみると，「e120　個人的な屋内外の移動と交通のための生産品と用具」や「e340　対人サービス提供者」「e440　対人サービス提供者の態度」の項目がそれにあたる。このように，同じような身体的な機能障害があっても個人の生活する環境が，生活機能障害に影響しているとしたICFは，実際の生活者の実像に近づいたといえる。

　しかし介護を展開するときには，ICFで分類された客観的評価・尺度で測定できる環境因子とともに，利用者がその環境をどう思っているか，という"認識"を含めた環境因子についての理解が不可欠である。

2.「個人因子」と「環境因子」

1. 介護過程における因子

　介護過程における因子を考えるときに，生活のなかには個人的状況と客観的状況が含まれていることに留意する必要がある。個人的状況とは，個人のおかれた状況を個人の主観的な視点からみた立場である。「活動・参加」は，個人が認識し，希望し，

ニーズを具体的に有することによって動機づけられる。ある方向をめざした認識がなければ心と身体は動かない。したがって,「活動・参加」は主体的役割をもった活動状況である。

客観的状況とは,いわゆる周囲の環境的条件であり,個人から離れた客観的な状況である。

1）介護過程における「個人因子」と「環境因子」の位置づけ

介護過程における個人因子と環境因子の基本的理解はアセスメントにおいて行われる。アセスメントに基づいた実施において,その因子がどのように変化し,「活動・参加」に影響を与えているかについては,実施から評価の段階でみることができる。

介護過程における個人因子と環境因子の位置づけは,基本的にアセスメントから出発して,2段階に分けて考えることができる（表4-1）。第1段階は,アセスメントとアセスメントに基づくプランニングにおける個人因子と環境因子の段階である。第2段階は,実施から評価の段階での個人因子と環境因子の段階である。

2）利用者の満足感

因子を2つの段階に分けたのは,第1段階の,アセスメントからケアプランのプランニングにいたる過程には,これからどのようにして生活課題を解決していこうとするのか,どのような計画をもって介護を行おうとするのかという,いわゆる状況の理解と今後の方向性についての問題があり,第2段階の,実施から評価の過程においては,行った状況と,行った結果はどうであるかという問題があるからである。

そのことから考えると,因子は相談における利用者の思いや願いから主訴を明確にするアセスメントの対象となる因子（個人因子と環境因子),その因子をどのように配慮していくかというプランニングにおける因子に分けることができる。

表4-1 介護過程における個人因子と環境因子を2段階で考える

段　　階		問題とする事柄	個人因子と環境因子 （阻害因子・促進因子）
第1段階	相談・面接	これからどのようにして生活課題を解決していこうとするのかという状況の理解と,今後の方向性の問題。	アセスメントの対象となる個人因子と環境因子を計画においてどのように活かして使うか。 目標は因子の変化の可能性。
	アセスメント		
	プランニング		
第2段階	実　施	実施の結果の見守りから評価へ。状況と,結果はどうであるかという問題。	実施によって各因子がどう変化してきたのか,因子の統合化の過程をみる。
	モニタリング		
	評　価		

4章　介護過程における個人因子と環境因子

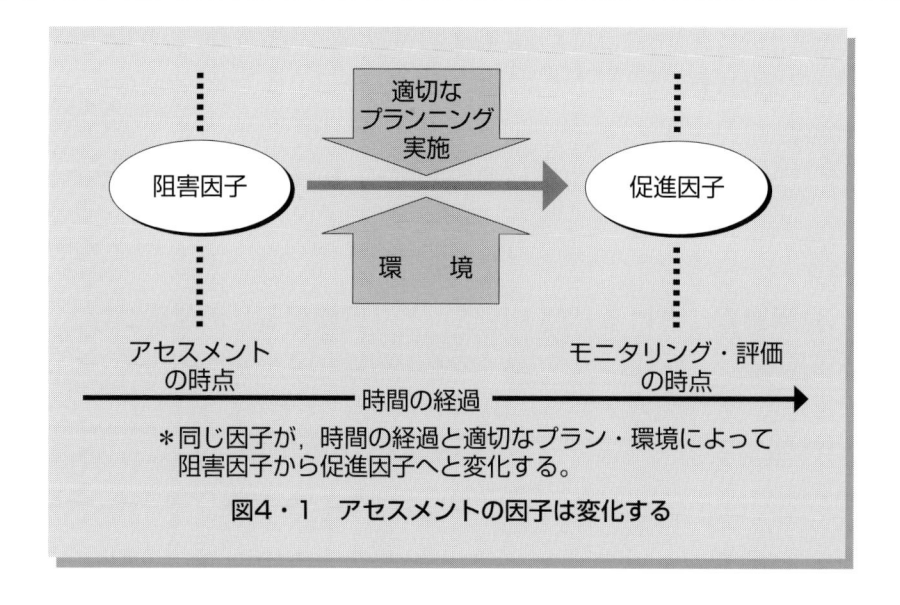

```
                 ┌──────────┐
                 │ 適切な    │
                 │ プランニング│
   ┌─────┐       │ 実施     │       ┌─────┐
   │阻害因子│ ━━━━▶          ━━━━━▶  │促進因子│
   └─────┘       ┌──────────┐       └─────┘
                 │  環　境  │
                 └──────────┘

   アセスメント                     モニタリング・評価
   の時点         ──時間の経過──▶    の時点

   ＊同じ因子が，時間の経過と適切なプラン・環境によって
     阻害因子から促進因子へと変化する。
         図4・1　アセスメントの因子は変化する
```

　アセスメントにおける因子は，実施から評価の過程において変化する（図4・1）。プランニングのうえでは，変化の可能性を秘め，目的達成という課題を背景にもった因子の変容の過程を評価する必要がある。次頁に示した「事例8：脳梗塞後遺症による左片麻痺で老人保健施設に入所している」を例にとると，麻痺や筋力の低下はしかたがないとあきらめている一方で，「みじめな姿で車いすに乗りたくない」と言っていたHさんの気持ちが，老人保健施設という環境の中での周囲とのかかわりによって，「トイレ移乗ができるように自立したい」というように変化してきたのは，"みじめな姿"という主観的な阻害因子が"自立したい"という促進因子へと変容したのだと評価することができる。

　また，ケアプランの目標概念は2つある。1つは，形によって示せるもの（検査，測定，診断，外形的観察）であり，もう1つは主観的な判断，推測的判断をともなうものである。ADLが改善して食事動作が自立した，というように形で示せるものは前者である。精神的安定のように，介護者が洞察する，共感的理解をするというような推測的理解をするものは後者である。したがって，達成課題は，客観的に測定することができる検査，測定，診断，外形的観察などのように形によって示されるものと，主観的な判断や洞察によるものの2種類に分けることができる。これらは介護職が因子という要素を用いて分析し，利用者を理解しようとする手段の1つとして用いているものである。

　生活の営みのなかで行われる介護過程においては，時間の経過のなかで利用者本人がどのように因子をとらえたかという認識が重要になる。最終的には生活課題の充足あるいは達成による満足感にそれが表現されることとなる。

2. 事例にみる「個人因子」と「環境因子」

　生活面において、因子は介護の過程のなかにあり、その過程のなかで変化しているものである。生活支障・生活困難という状況における因子は社会面や環境面における利用者自身と利用者をとり巻く因子であり、受動的なものであるが、その改善や変化は能動的なものである。しかし、この改善や変化は、社会面や環境面とのかかわりに影響を受けているということに着眼しておく必要がある。

　個人因子と環境因子に分類する意味は、そのもつ性質の違いで便宜上分けている。因子は生活課題を解決するために、もともとは同一の生活領域のなかにある。最終的に生活課題解決という形で統合される。生活のなかでは本来は1つであるが、便宜上分けて考えることがアセスメントその他で有益である。事例を通して考えてみよう。

▶事　例：8

Hさん　70歳　男性
障害程度：脳梗塞後遺症による左片麻痺
疾　病：糖尿病
生活形態：老人保健施設に入所

　Hさんは病院では「私はみじめな姿で車いすに乗りたくない」、「食事の楽しみくらい自由にさせてほしい」と積極的に療養に取り組む姿勢はみられなかった。

　退院後、老人保健施設に入所して、自分より身体機能の不自由な人でも車いすを使っていきいきと生活していることを知った。そのころHさんの将棋仲間が面会に訪れ、将棋大会への参加を熱心に勧めた。Hさんは将棋大会に参加したいと思ったが、トイレの使用に関して問題があることを懸念し、車いすから便座への移乗練習を自分から始めた。そして、車いすをいわば"自分の足"として認識するようにもなってきた。

　また、同じ糖尿病の利用者が食事指導を受けているところに同席し、この利用者がデジタルカメラで配膳された食事を撮影している姿を見て感心した。今、Hさんは将棋大会のためにもデジタルカメラを購入しようかな、と考えている。

1) 個人因子には客観的内容と、本人の主観にかかわるものがある

　個人因子には、健康状態や心身機能の状態といった客観的事実と、そのような自分自身の客観的な状況をどのようにとらえているかという本人の心の問題、すなわち利用者本人の主観的な認識の側面とがある。本人が、社会・文化的状況を含めて自分自身をとり巻く状況をどのように認識しているのかという点、気持ちの変容や将来への志向性といったものは、ICFをとり入れた介護過程の展開にあたって、健康状態や心

身機能の状態以上に重要である。

客観的な事実としての健康状態や心身機能の状況と，本人の心の問題すなわち主観の側面は，表裏一体であり互いに影響し合っているが，「活動・参加」を指向する介護過程展開においては，とりあえず（操作的に）別のものと考えるべきであろう。その理由は2つある。1つは，本人の心の変容や志向は，健康状態や心身機能とは異なり，主に介護職の洞察による推測的判断によって把握されること。2つめは，介護職のかかわりを含む環境は，本人の主観的な認識の変化にともなって刻々変化するものだからである。

2）生活課題の変容と個人因子

生活課題は，客観的因子と主観的因子の2つを包含したものとして提示される。介護過程の展開においては，時間の経過ならびに本人と環境の変容にともなって変化する客観的因子と主観的因子それぞれの促進因子，阻害因子に留意して支援の内容と質が吟味される。

事例8に示したHさんの場合には，どのような因子があり，それはどのように変化していったのだろうか。個人因子とは，個人の人生や生活の特別な背景であるから，1つは，脳卒中後遺症による左片麻痺がある，車いすに乗らなければならない，糖尿病の食事療法が必要であるなどの，心身機能や健康状態という検査，診断，測定として形のある客観的内容をもつ個人因子である。2つめは，「私は車いすには乗りたくない」とか，「食事は楽しみたい」という，生活習慣やライフスタイル，性格，困難さへの対処方法など，Hさんの価値観に基づいた心の問題である個人因子が存在する。

阻害因子と促進因子について考えると，心身機能障害としての左麻痺は活動と参加に対して不自由であるから，阻害因子になる。さらに，「私はみじめな姿で車いすに乗りたくない」というHさんの価値観も阻害因子といえる。ここでも心身機能という客観的な阻害因子と，個人の心のありようの問題としての阻害因子が存在する（図4・2）。

3）阻害因子と促進因子は同一のもののなかにある

生活状況の変化のなかで因子も変化する。Hさんの生活状況の変化による因子の変化をみてみよう。

「私はみじめな姿で車いすに乗りたくない」といっていたHさんが，老人保健施設を利用し，面会に訪れた将棋の仲間の熱心な誘いもあり，時間の経過とともに，「私はがんばるぞ」というように，車いすに乗るということに対する意識が変化した。こ

「車いすに乗る」という事実が，仲間とのかかわりを経て，「みじめな姿」という阻害因子から「車いすに乗ってがんばるぞ」という促進因子へと変化する。

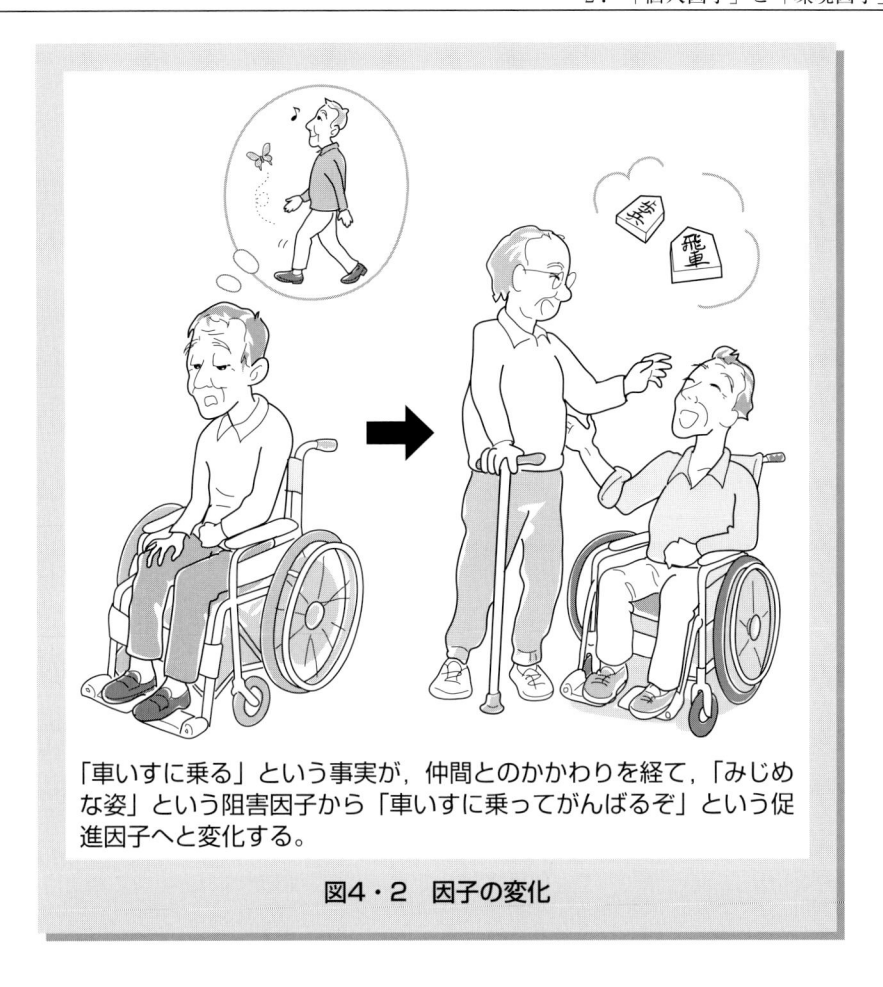

図4・2　因子の変化

れは，Hさん自身の意識の変容である。車いすに乗るということに対する意識の変化を，因子の変化としてみることができる。車いすに乗るというHさんの身体状況そのものは変わらないが，老人保健施設という環境因子のなかで，将棋の仲間が大会に誘ってくれたというHさんの環境因子の相互関係から，Hさんの個人因子である意識に変容が起こった。このことは，「車いすに乗る」というHさんの客観的個人因子は同一であり変わらないが，「みじめな姿」という阻害的内容をもつ因子が，「車いすに乗って私はがんばるぞ」という促進因子に変わったということである。阻害因子と促進因子は同一のもののなかにあることがわかる（図4・2）。

4）環境因子はその意味が主観によって変化する

環境は自分がそれをどう使えるか使えないかという認識のなかに含まれたときに意味がある。

ここで，老人保健施設という環境因子についてみてみよう。Hさんが脳卒中で入院

"市内にある施設"にすぎなかった老人保健施設の意味が全く異なったものへと変化する。

図4・3　環境因子は主観によって変わる

する前の老人保健施設は，Hさんにとっては，市内にある施設というだけで，特に意味をもってはいない。しかし，そこを利用して職員や同じく入所している人びと，そして面会に訪れた将棋の仲間とのかかわりのなかで，「よし，がんばって，今度の将棋大会に出場しよう」と思うようになったとき，老人保健施設のもつ意味は全く異なったものになった。

　環境が自分の人生にどういう意味があるかという，本人による意味づけが重要である。環境には，固定した物的環境と，心によって意味づけを与えられた環境とがあるということである。このことは，本人の認識（主観）によって環境因子が変化しているという意味にとらえることができる（図4・3）。介護は認識に働きかけるという意味において，介護過程を展開するときに重要な意味をもっている。

3. 因子間の相互関係

1. 人と環境は相互変数である

　介護過程を展開するときに重要なことの一つに，環境因子であっても利用者の主観が大きな意味をもっているということがある。例えば，関節リウマチで寝たきりの女性が庭の塀沿いに咲いているスミレを見ているとする。そのスミレは，この女性の子

どもが小さかったころに一緒に川原から持ってきて植えたスミレである。客観的な環境として塀沿いに咲いているスミレは，この女性にとっては，「思い出のある」「懐かしい」という主観的な環境であり，それは大きな意味をもっている。

事例のHさんの例では，Hさんが健康なときにはただの建物であった老人保健施設は，入所後の職員や同じく入所している人びととのかかわりのなかで大きな意味をもつようになっている。

環境という客観は，それを認識して主観となる。物があるから見えるというだけではなく，私が見たから物がある。相互関係とはこのような関係をいう。

黒澤貞夫は，環境を「施設という場の複合的な要素が一体となってかもし出す雰囲気」[11]と述べ，これをシステムとして捉えたときに，図4・4のようになるとしている。

心理学者のクルト・レヴィン（Kurt Lewin，1890 – 1947，独）は「場の理論」について

$$B = F(P, E)$$

という公式を提示している。行動（B）が人（P）と環境（E）の関数であり，行動（B）において，人（P）と，場・環境（E）は相互依存の変数であるという[12]。個人と環境は相互に変数として変化することがあり，そのことが行動に影響を与える，という意味にとれば，これは介護過程に重要な示唆を与えている。個人因子と環境因子は相互変数として相互に変化することによって行動に影響を与えると考えることがで

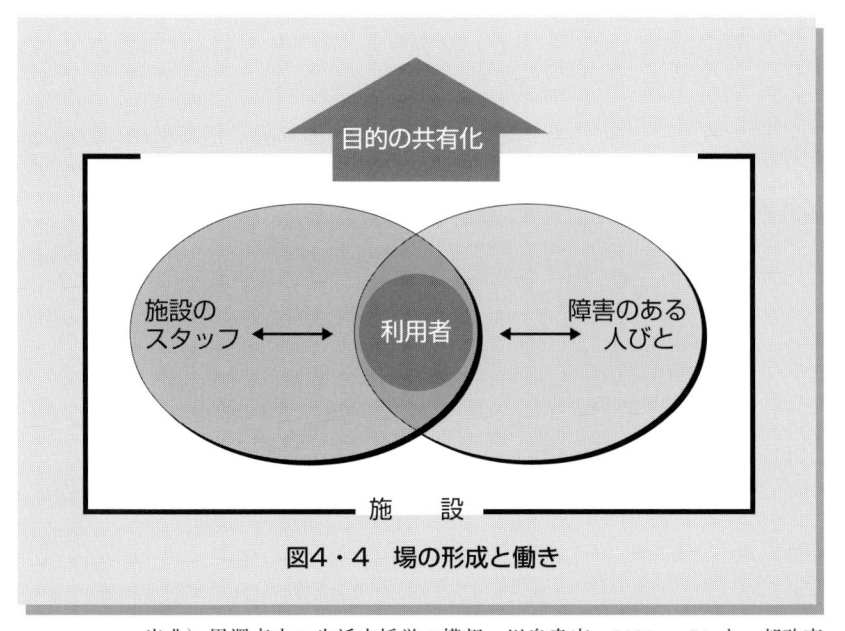

図4・4 場の形成と働き

出典）黒澤貞夫：生活支援学の構想，川島書店，2006，p74.を一部改変

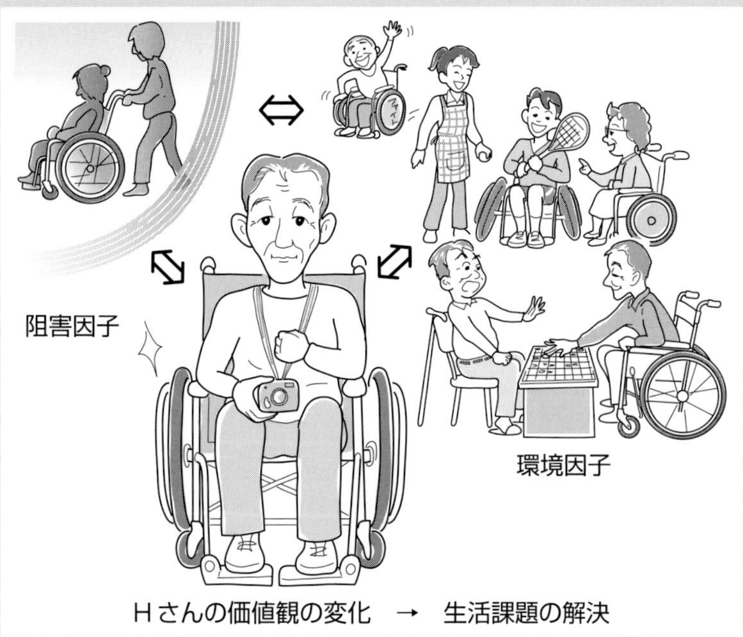

4章　介護過程における個人因子と環境因子

図4・5　個人因子と環境因子の相互依存の関係

きる。

　Hさんの事例での態度変容は，一義的な因果関係で起こったのではない。黒澤の述べるように施設という場の複合的要素が一体となって作用したのである。Hさんと施設という関係は，相互にかかわり合いながら変化していったということである（図4・5）。

▶2.「個人因子」と「環境因子」は相互依存の関係にある

　背景因子といわれる個人因子と環境因子は，相互依存の関係にある。
　Hさんの事例で考えてみよう。元気に暮らしていたころのHさんにとって，車いすは福祉用具として存在していた。脳梗塞の後遺症として左半身にかなり強い麻痺が残り，車いすを利用しなければならなくなったときの車いすは，「みじめな思いをしなければならない」というHさんにとって辛い思いを象徴する福祉用具としてあった。しかし，老人保健施設に入所し，職員や利用している人びと，そして面会に来た将棋の仲間たちの働きかけとかかわりの時間経過のなかで，Hさんにとって車いすを物としてみるという認識が，自分の足となって生活の一部になったという認識に変化したのである。脳梗塞後遺症としての左片麻痺という生活支障の起因となる因子は変

化したわけではないが，Hさんの価値観が変化したことが，Hさんの生活課題の解決につながった（図4・5）。

3. 生活課題の解決という形で統合される

　背景因子である個人因子と環境因子は，介護実践において最終的には生活課題の解決という形で統合される。

　これについても，Hさんの事例でみてみよう。病院にいたときのHさんは車いすをみじめな姿と認識し，食事の楽しみくらい自由にさせてほしいと思っていた。身体機能が少しずつではあるが回復し，施設内を車いすで移動するようになったとき，「車いすなんかに乗りたくない」というHさんの態度に施設の職員も戸惑った。このときの車いすに対するHさんの認識は個人因子（阻害的因子）として働いている。黒澤のいう「施設という場の複合的な要素がかもし出す雰囲気による場の形成と働き」と，時間の経過のなかで次第にHさんは車いすを自分の足と認識して促進因子に変化したのである。介護職は，Hさんの立場に立って共感，受容的な態度で接することが重要になる。Hさんは自分の気持ちをわかってくれる人がいることで，自由な心の躍動感が生まれ，他者や環境について客観視することができる。これはHさん自身の問題であると同時に環境との相互関係によるものである。すなわち，個人因子と環境因子は生活課題の解決という形で統合されることになる。

本章のまとめ

○介護に活かされる因子

介護の過程

① 相談,アセスメント,プランニングの過程:これからどのように生活の課題を解決していこうとするのか,どのような計画をもって行おうとするのか=状況の理解と今後の方向性について。

② 実践,評価の過程:いかに行っているか,行った結果はどうであるか。

介護過程の因子

① アセスメントにおける因子:どのような状況になっているのか。

② プランニングにおける因子:どうしたらいいか。

③ 実践から評価における因子:生活課題の因子が実践によってどのように変化したか,どのように達成課題という形で因子が変容してきたか。それが満足感という形でどのように利用者本人の生活に影響しているのか。

○因子はもともと同一のもののなかにある

「個人因子」と「環境因子」は,便宜上性質の違いで分けているが,もともとは同一のもののなかにある。

○生活課題解決という形で統合される

「個人因子」と「環境因子」は,最終的には生活課題の解決という形で統合される。

▶引用・参考文献

1) 障害者福祉研究会編:ICF国際生活機能分類―国際障害分類改定版―,中央法規出版,2002,p15.
2) 同 上,p15.
3) 同 上,p16.
4) 同 上,p7.
5) 同 上,p206.
6) 同 上,p206.
7) 同 上,p7.
8) 同 上,p206.
9) 同 上,p16.
10) 同 上,p10.
11) 黒澤貞夫:生活支援学の構想,川島書店,2006,p74.
12) クルト・レヴィン著,猪股佐登留訳:社会科学における場の理論,誠信書房,1956,p31.

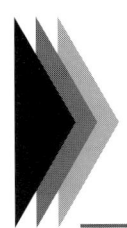

5章 ICFをとり入れたケアプランの作成

1. ケアプランの意義と目的

1. ケアプランの意義

　ケアプランは介護保険法上では,「介護サービス計画」ともいわれているが, ここでは, さらに広い意味を含めたケアプランについて述べることにする。

　ケアプランは, 生活支障にかかわる相談, アセスメント, 生活課題（ニーズ）, 目標, サービス内容, 実施, 評価という介護の展開プロセスについて段階的・包括的に作成されたものであると捉えることができる。

　また, ケアプランは, 生活課題解決のプロセスの思考過程を具体的な方法として文書化し, 明示したものである。生活課題解決の過程を文書化することによって, 利用者と介護関係者共通の認識のもとにサービスを行うことができる。したがって, ケアプランの対象となる生活課題とは, 利用者が生活に支障をきたしている事柄のなかで, ケア提供者側と合意された介護サービス項目を指す。介護サービスの実施はすべてケアプランに基づいて行われる。

　例えば, 特別養護老人ホームにおいては, 常時介護を必要とする高齢者が利用する施設という性格上, 日常生活全般について介護が行われるが, そのすべてをケアプランに基づいて行うわけではない。それはある特定の事柄について, 介護職が目標をもって介護する場面を指す。すなわち, 次のような課題認識である。

　日常生活全般にわたる介護とは, 生活支援にかかわる施設の機能を利用者が活用するという意味での, 全般にわたる介護ということである。利用者は, 24時間介護を必要とするが, そのすべてをケアプランに盛り込むわけではない。施設におけるケアプランの意味は, 施設のもっている介護機能のなかで, 利用者と介護職の共通の認識のもとに特定の生活課題をとり上げ, 文書化するものを通常は指している（図5・1）。

　施設では利用者の心身の状況をよく理解し, 食事・入浴・排泄などについて, 適宜, 適切な介護を行うことは当然のことであり, 広義には, それらもケアプランということができる。しかしそのなかで, 利用者, 介護職がある特定の生活課題をとり上

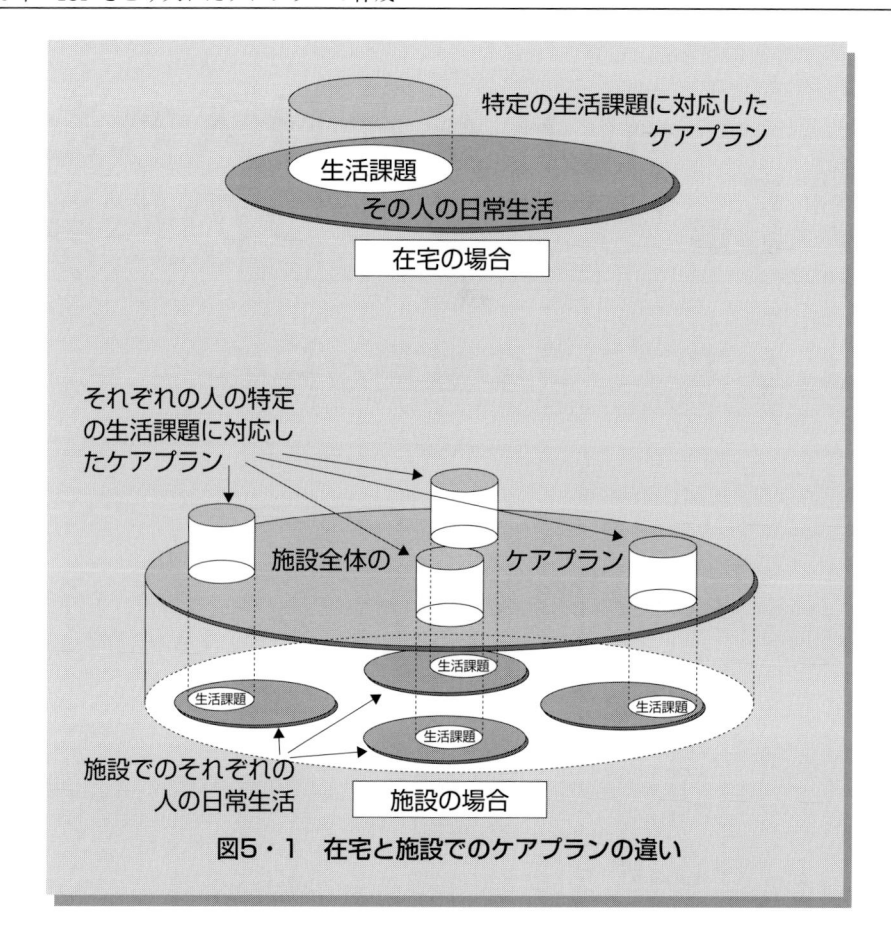

5章　ICFをとり入れたケアプランの作成

図5・1　在宅と施設でのケアプランの違い

げてケアプランとすることの意義について考えてみる。そこには，困難な，あるいはよりよき生活への改善に向けての生活課題をどのように解決していくかという目的志向が入ってくることになる。よりよき生活への改善に向けての生活課題ということは，当然，ICFでいう促進因子や阻害因子を考慮する必要が出てくる。すなわち，目的的な志向のもとにある事柄を生活課題としてとり出し，よりよき生活に向けて生活の質の向上を図ろうというときに，ケアプランという形で文書化する必要が生じる。このことは，施設という包括的な生活支援におけるケアプランの特性であり，在宅におけるケアプランとの大きな違いといえる。在宅の場合には，最初から利用者の特定の生活課題に対してのみサービスが行われる（図5・1）。

　制度上，施設と在宅のケアプランは異なるが，人間の生活の営みの継続として施設の利用があり，施設の生活の継続に在宅があるというように，介護の場はどこであれ，人間の生活における継続性の観点は重要である。

2. ケアプランの目的

1）ケアプランは文書によって明確に示される
　先に，"ケアプランは，生活課題解決のプロセスの思考過程について，その具体的な方法を文書化し明示したもの"と記したが，その理由は以下のとおりである。
① 利用者や家族の自己決定の意思がどのようにケアプランに盛り込まれているのかを明確にする。
② 介護関係者が介護をどのような方針で行うのかを明確にする。
③ 利用者自身が自己の生活を認識し，ライフスタイルの変容を図る，また自己のライフスタイルの方向性を明確にするための指標とする。
④ 実践を吟味・評価する資料とする。

2）ケアプランは介護過程を客観的妥当性のあるものにする
　介護過程は，ケアプランによって，その客観的妥当性を示すことができる。
　ケアプランの作成者は，利用者や家族の意思およびアセスメントデータによって利用者に必要なケアを判断する。これには，利用者がどのような状況にあるかという理解をともなう。ケアプランにどのようなサービスを盛り込むかということは，判断行為にともなうプランニングの問題なのであり，プランニングは，データの理解と作成者の判断行為を基礎として行う。その判断行為は，ある面では個人としての主観的な判断要素とデータを中心とした客観的な判断要素が統合されたものである。そのことから，ケアプランは作成者の主観的な判断行為にとどまらず，客観的な妥当性を有することになる。
　例えば，「私はこのように判断した，その理由は〜であり，収集したデータについては〜である」というように判断行為の根拠が明らかであり，他者に対して論理的な説明ができるということである。すなわち，作成者の思考過程が明確であり，かつそのことを第三者が理解できるということ，いいかえれば科学的であるということである。ここでは，因果関係を論理的に明示すること，それに基づいたケアプラン作成者の判断過程を明確にできること，という2つの意味合いで「科学的」という言葉を使ったが，要は，自然科学的思考と人間科学的な思考の統合の過程である。データ的実証性と，どのようなデータを用いてどのように判断したのかという過程の明証性（エビデンス）の両者の統合を指す。

3）ケアプランはケアの目標・内容・方法を明らかにし，利用者や家族の意思に沿ってチームのケア方針を統一する

　ケアプランは，ケアに従事する専門職の統合的な判断の集約ともいえるが，"本当に利用者や家族の意思に沿ってケアプランが作成されているか"という原点を常に見据えておく必要がある。すなわち，そのケアプランに基づいて，チームのケア方針が統一されるということである。ケアにかかわる保健・医療・福祉の関係者の間でケアプランが共有され，職種を超えた連携・協働がシステムとして実践されるために，各専門職の共通の基盤となるのは，利用者の生活ニーズの把握を目的とするアセスメントである。なぜならば，各専門職は，利用者の生活ニーズの把握をとおして利用者の意思や状況を明らかにし，アセスメントの判断がケア関係者に共有される。それがケアプランに反映され，ケアを実践し，生活ニーズが充足されるからである。このようなケアプラン作成の過程は，利用者や家族，介護関係者の共通の認識のもとに作成され，実践される必要があるので，協議の場としてのケアカンファレンスの機会が用意されなければならない（p.87〜参照）。

4）ケアプランによって実践を吟味・評価する

　ケアプランは，実践を評価する資料ともなる。すなわちケアプランによってケアサービスの実践が評価される。評価とは，実践をモニタリングして，ケアプランの生活課題，目標，サービス内容の意図するところと，実践の経過が適合しているかどうかをみることである。実践後の評価とは，相談・アセスメント・目標・実践など，一連の過程がケアプランにより評価できるということである。ケアプランの客観的妥当性はケア実践の評価によって確認することができる。ケアの各専門職の判断や実践が適切か否かは，実践の過程を評価するなかで検証されることになる。

3. ICFはケアプランにどのように活かされるのか

　ICFのいう「活動・参加」の目標概念をケアプランにどう活かすのかについては，2つの視点がある。1つは，ケアプランによって自分の生活の見通しができ，生きる力や何かをしようという意欲が生じ，社会的役割が維持・継続されるという認識を「活動・参加」の基盤とする視点である。いわゆる，利用者の精神的躍動感を基盤におくという意味である。

　2つめは，ICFの「活動・参加」にかかわる因子が具体的にケアプランのなかでどのように展開されるのかという視点である。この視点からは，促進する因子をさらに強め，阻害因子をできるだけ除去し，軽減するということを十分に配慮した具体的な

ケアプランを作成する必要がある。

次に述べるのは、ケアプランにより生活に張り合いがでてきたIさんの事例である。

▶事　例：9
Iさん　85歳　男性
障害程度：脳梗塞後遺症による右片麻痺
生活形態：居宅での1人暮らし

　1人暮らしが長いIさんは、家の中で過ごすことが多く、隣人とのかかわりもほとんどない。最近、身体機能の低下がみられるようになり、「毎日何もすることもなく寂しいものだ」「生きていてもつまらない」などと言うようになった。

　近所の方からの連絡をきっかけにして、民生委員・ケア関係者との連携による訪問介護が行われ、あわせてデイサービスを利用することになった。

　Iさんの意思を尊重した訪問介護員による生活自立に向けてのケアによって、Iさんは自立に向けての可能性を次第に知ることになった。最近では、2週間に1回のデイサービスへ行くことが楽しく、生活にも張り合いがもてるようになってきた。

　このような事例の場合、何がIさんの「活動・参加」の阻害因子になっているのかを考えることになる。そして、阻害因子を取り除き、あるいは軽減するというケアプランが立案されるのはいうまでもない。その際、ある時点におけるIさんの心情について着目した判断がなされるばかりでなく、時間の経過によるIさんの心情の変化や、取り巻く環境の変容（Iさんの心情の変化によって、Iさんが主観的に認識する環境の意味も変化する）をも考慮し、将来のよりよい生活への方向性を内包したケアプランが作成されなければならない。

　総合的に考えるならば、ICFにいう「活動・参加」とは、本人の潜在的なエネルギーを引き出し、生きる勇気をもつよう支援することによって、他者との関係性を回復し、存在を認められ、受容され、愛され、尊敬される"生活の場"において展開されなければならない。このような方向性を備えたケアプランの実施過程のなかでこそ、介護職の適切なかかわりがより大きな意味をもつものとなっていくのである。

2. 相談・面接

　相談・面接は、相談者（利用者・家族）と相談員（ケア関係者）が出会うところから始まる。相談者は、心身機能の損傷や低下に起因する何らかの生活支障を抱え、そ

の生活支障を軽減または解決するために，"何らかの手助けをしてほしい""どのような方法があるのかを知りたい"という目的をもって相談機関や社会福祉施設に相談に訪れる。ここから介護過程が始まることになる。

　介護過程における相談・面接はどのように行えばその目的が達成できるのか，順を追って考えていく。

▶ 1. 人間関係の形成

　利用者と介護者との関係は出会いから始まる。この出会いのときに，どのような場所でどのようにかかわるかということは，出会いの質そのものにかかわってくる。「この人になら何でも話せる」，「この人は信頼できる」，「この人に出会えて本当によかった」と相談者に感じてもらうためには，どうしたらよいのかを考えなければならない。

1）礼儀正しく接する

　相談員は，社会的礼儀をもって相談者に接することが必要である。相談者へ尊敬する気持ちを込めた言葉遣いができているか，見下したり軽蔑したりしていないかなど，常に自身の言動を振り返ってみることが必要である。また，メモをとるときは，その旨をことわってから行う，質問を行うときはその質問の理由などを相談者にわかりやすく説明してから聞くなど，相談を行うための基本的な態度を守ることが必要である。

2）共感・受容的態度で接する

　共感・受容的態度で，相談者に接する。相談者がどのような生活支障を抱えているか，何を求めているかについて，現在の生活状況やニーズについて傾聴し，受容することである。相談員が行うべきことは，相談者が抱えている事態の認識や情緒をよく理解することであって，最初からこうあるべきであるとか，サービスに適合するかどうかなど先入観をもって話し合うことではない。それでは相手に不信感を抱かせることになり，良好な人間関係を形成することができないであろう。

3）場の形成・雰囲気づくり

　介護が行われている現場ではさまざまな人が常に動き回っているが，相談・面接の場所は，落ち着いた雰囲気で行えるよう設定する。相談の途中で人の出入りがあったり，相談員が途中で退席するようなことがないよう，相談者が何でも遠慮なく話せる

ようにすることが必要である。

また相談は，計画的に行われる必要がある。時間に迫られて時計を見ながら面接することなどは，絶対に戒（いまし）めなければならない。できれば予約を受け，相談に際しては「1時間ぐらいよろしいですか」と必要な時間を明示して行うことが望まれる。利用者や家族が安定した気持ちで相談を行えるようにしなければならない。

2. 生活支援関係の形成

利用者・家族は，何らかの生活支障を抱えて相談に訪れるのであるが，その生活支障はすべてが明確になっているわけではなく，複雑に絡み合い，理解が困難な場合も多い。そこで相談員は相談者が何を希望しているのか，利用者がどのような生活課題をもっているのか，介護サービスの対象であるのかなどを整理し，概括的に把握しなければならない。

相談・面接の過程においておおまかな生活課題が設定され，介護契約の方向に進むという場面にあっては，利用者が希望する介護サービスが介護保険などの制度にあてはまるのか，フォーマルなサービスを使うのか，インフォーマルなサービスを使うのか，サービスに対する費用負担はどうか，などについて合意が得られたうえで，具体的な生活支援のための介護サービスについて，アセスメントから目標への過程を概括的に示して方向性を決めることになる。例えば，介護保険を利用する場合であれば，要介護認定のために認定調査員が家庭訪問をして利用者の状況を聞いたり，医師の意見を求める必要があることなどを説明し，どのような介護サービスを求めているのかなどを相談者から聞きながら，介護サービスの提供が可能であるかなど，相談者の意思に沿ったうえでの話し合いが展開される。

以上のような手順を踏むことにより，生活支援関係が形成されることとなる。

3. 相談・面接場面での「活動・参加」の解釈

では，どのように相談・面接場面にICFの概念をとり入れるか，ということを考えてみる。

人間の活動と参加の出発点は，大きく分けて2つの視点からみることができる。1つは精神的な安定感のなかに，もう1つは将来的な見通しのなかに，「活動・参加」という可能性が見出されることになる。

1）信頼関係の形成による精神の安定

　相談・面接における利用者・家族は，生活支障だけでなく，支障に伴う不安やストレスを抱えて相談に訪れる。そこで相談員は，不安やストレスを共感的に受容し，利用者が不安やストレスを解消し，いきいきと生活し，社会参加を果たすための相談関係を念頭におかなければならない。

　また，相談の場面においては，アセスメントの前段階として「活動・参加」の阻害因子は何であるか，促進因子は何であるかを相談の背景から読み取られなければならない。相談者には，阻害因子や促進因子を考え，自分の意思を表明するエネルギーが必要となる。そのために，人間関係を形成して，相談者が自分の気持ちを自由に表現できる信頼関係を形成するのである。「活動・参加」は人間関係形成が出発点であり，そこから生きる力が湧き上がり，「この人の支援を得てやってみよう」という気持ちになるのである。相談・面接では，生活上の支障についていきなり単刀直入に話すのではなく，相互の信頼関係を形成し，相談者とのかかわりのなかで生きる勇気をもち，明日への生活へのエネルギーをもつという方向において，相談という場が活用されなければならない。ICFにいう「活動・参加」の出発点は，よき相談者との話し合いのなかで，相互に信頼され，よき話し合いがもたれることである。

2）将来的な見通し

　将来の見通しというもののなかに，「活動・参加」という可能性が見出されなければならない。相談・面接において相談員は人間関係の形成を行ったうえで，利用者・家族はどのように障害を捉え，どのようにしたいと思っているのかという主訴を的確に把握する。つまりアセスメントし，具体的な生活支援のアウトラインを示すことになる。このことが的確に概略的にできれば，利用者・家族にとって将来的な見通しがみえてくることとなり，この見通しがつくことにより利用者の「活動・参加」への意欲が出てくると考えられる。相談・面接の場面においては，現状の理解・把握にとどまらず，これからの生活を躍動感をもって生活できること，あるいは自立という価値観が入った生活の形成および，生活の範囲を拡大するという意味を理解したうえで，積極的・能動的に生活するという価値観がそこに入ることとなる。このことがまさに「活動・参加」だということができる。

　次の事例から「活動・参加」の場面を考えてみる。

2．相談・面接

▶事　例：10

Jさん　80歳　女性
障害程度：大腿骨頸部骨折術後にて歩行不可，移動はすべて車いす
生活形態：現在入院中

　入院中のJさんは，歩くことができないのに「家に帰りたい」とベッドから降りようとしたり，車いすから立ち上がろうとするなど，認知症の症状が出現し，退院を迫られている。自宅では長女との2人暮らし。長女は昼間勤めに出ており，どうしてよいかわからず相談に訪れた。

【相談場面】

相談員：本日はよくお越しくださいました。電話でお伺いしておりましたのでお待ちしておりました。今日は1時間ほど時間をとっていますので，ゆっくりお話しください。では，今困っていることについて，お聞かせください。

長　女：母が骨折をして入院中なのですが，認知症の症状が出て，病院から退院をするように言われています。私は昼間働いていますし，どうしたらよいのかわからなくて……。

相談員：それはお困りですね。お母さまはどうしたいと思っていらっしゃるのでしょうか。

長　女：家に帰りたいと言っております。でも，私には勤めがあり，昼間1人にしなければならないので，施設にでもと思っております。施設もなかなか入れないと聞いたものですから……。

相談員：そうですか。施設入所だけでなく，訪問介護やデイサービス，ショートステイを利用して在宅で生活する方法もあります。こちらでもデイサービスを行っていますので，後で見学していかれますか。

　　　　　　　　　　　　＊　　　　　　　　　＊

長　女：今日はありがとうございました。デイサービスも見学させていただき，入浴や食事だけでなく，機能訓練も行っていただけることがわかりました。他県にいる兄弟とも相談したいと思います。

相談員：何か分からないことがあれば，いつでもご相談ください。お母さまがいきいきと生活できる方法を，一緒に考えていきましょう。

　利用者の「活動・参加」の出発点は相談の場面から始まるということである。相談員と相談者との人間的な相互関係，暖かい雰囲気のもとで意思の疎通が十分に行われることにより得られた安心・安定から躍動感へという道筋を見出すことができるであろう。また，「活動・参加」の源となる躍動感といわれるものは，精神的な躍動感に加えて具体的なものが求められることが少なくない。通常，人は自分の目で見，聞

き，確かめたものでなければ動機づけが起こらないものである。相談を通じて意思が明確であるかないかという前に，必要ならば具体的にデイサービスの見学や体験などをとおして情報の提供を行うこともある。実際に自分自身の目で見ることによって，大きな動機づけと安心感につながることになる。したがって相談の場面で，具体的な道筋を見学などをとおして情報として提供することも，「活動・参加」につながっていくということである。

　また，「活動・参加」というのは一時的な問題ではない。生活支援関係を構築してこれからの生活のライフスタイルのあり方やサービス機関の利用について，継続的に話し合い支援していくという道筋が，相談・面接場面で次第に形成されていくことになる。

3. アセスメント

1. アセスメントの意義と目的

　アセスメントは，相談者と相談員の出会いによる相談が出発点である。相談の結果，「あなたのお困りになっている生活の状況はわかりました。あなたの生活を支えるように応援しましょう。そのためにもう少し詳しくお聞かせください」と，相談者の営む生活について，専門職の立場から理解するために，聞いたり調べたりしたうえで判断するのである。

　相談員は，相談者あるいはその家族の生活上のニーズを明確にするための出発点としてアセスメントを行う。したがって最初の手がかりとなるのは，相談者やその家族が訴える生活上の不自由や支障，要望などである。しかし，相談者やその家族が生活上のニーズを的確かつ明確に把握している場合ばかりではないし，ニーズが明確である場合でも，必ずしもそれを相談員に適切に伝えられるわけではない。相談員は，相談者・家族の意向や意思を最大限に尊重しながらも，その話の内容を手がかりにして"真のニーズはいかなるものなのか"に留意して理解していく必要がある。すなわち，利用者の生活上のニーズは，かならずしも最初から明言されているわけではない。話し合いの内容や医学的検査のデータなどを総合して次第に明らかになっていくことが多い。

　例えば，利用者が食事を摂るのに不自由を訴えた場合，介護職には，その話の内容から，食事の不自由さにかかわる利用者の身体的状況，精神的状況，介護する家族の状況などについてのアセスメントが求められてくる。その範囲は，まず，利用者の主

訴である生活支障についてであり，次に，その利用者の生活状況に関連する事項についてである（例えば医学的なデータなどである）。

具体的な例をあげるならば，一次的に「利き手の指の関節が曲がらないのでうまく食事が摂れない」という利用者の主訴がある場合，介護職の立場としては，その訴えについて，「指の関節が曲がらないのを本人がどう理解し，生活のなかでどうしようとしているのか，生活のなかでどのようなことに困っているのか」という生活支障がアセスメント項目になる。二次的には，ADL，IADL，医学的データなどに基づく生活状況の客観的アセスメントを行う。

利用者は介護職に関節を曲がるようにしてほしいと期待しているわけではない。介護職は常に，生活の視点でのアセスメントを行うことが求められる。

2. アセスメントの方法

ケアプランの作成は，相談の内容に基づくアセスメントから始まり，利用者の生活支障の状況を把握し，生活課題（ニーズ）を明らかにし，サービスを提供するために行う。生活支援を視点とする介護職のこれまでの種々の事例や経験などから，利用者の生活支障を把握する場合，次の2つの要素をあげることができる。

1つの要素は，検査・測定・診断・外形的観察などによる分析的理解であり，数量化や記号化できる領域である。それは，客観的・科学的，固定的・静態的データを指す。具体的にいうならば，血圧・体温・脈拍・視力や聴力など検査や測定により数値として表現可能なもの，あるいは麻痺や関節可動域など，"動く・動かない"のように外形的に観察ができるもの，そしてADLのように"できる・できない"で表すことができる内容を指し，ある時点での，固定・確定できるデータである。

例えばADLの場合には，食事ができる・できない・一部できるというような生活行動にかかわる介助について，①全介助，②一部介助，③自立，というような要素に分けることである。このような分析的方法は，要素還元主義[1]といわれ，利用者の行動能力の損傷・低下の状況を的確に知る方法といえる。介護保険の要介護認定においては，この方法が主体になっている。すなわち，ICFでいう健康状態，心身機能，身体構造に相当する項目である。

2つめの要素は，ひとりの人間としての生活の営みを理解することである。その方法は，洞察・直観・共感・全体的観察などによる全人的理解である。そしてその手がかりとして重要なのは，利用者・家族の志向性である。利用者本人や家族が現在の生活をどう捉えているのか，そしてこれからどう生活しようとしているのかという利用者本人の感情・意欲・希望・動機づけなどである。それらは，事柄の性質上，もとも

表5-1 アセスメントにおける2つの要素

区分	方法	内容	例
全人的理解	直観,共感,洞察,全体的観察など。	何らの媒介を要しないひとりの生活者としての利用者の全体像(関係性・時間性のなかで変化するデータなど)。	・病気により水が自由に飲めないといういらだち。 ・身体の不自由さからくる生活上の不安。 ・1人暮らしの寂しさからくる無気力感など。
分析的理解	検査,測定診断,外形的観察など。	数量的・記号的な記述(固定・確定的データなど)。	血圧,体温,脈拍,体重,ADL/IADL,関節の可動域,麻痺の程度,疾患名など。

と数値化や客観化になじまないものである。つまり,検査や診断による原因・結果の因果的法則性によるというものではなく,利用者の全体像に直接にせまるということであり,人と人との関係による直観のテーマともいうことができる[2]。したがってこれらは確定的なものではなく,動態的であり,変化するものであるといえる。例えば,利用者の食事介助を行う場合,身体機能やADLのみに着目し,「食事全介助の利用者」として接するわけではない。「右片麻痺のために,自分ひとりでは食事ができない。これまでは妻にすべて面倒をみてもらってきた。しかし,妻の体調がよくない。このままの生活を続けるのは困難である。将来のことを思うととても不安だと思って生活している,その人」と捉えて接し,本人の感情,動機づけ,思いなどに配慮しながら食事の介助を行う。このようにアセスメントを行うということは,その時点においては限定的であり,固定的であるが,全人的理解における心理的状態や動機づけが,常に全体の流れのなかで関係性や時間性において変化することがあるということが特色である。表5-1は,全人的理解と分析的理解についてのアセスメントにおける2つの要素についてまとめたものである。

3. ICFにおけるアセスメント

1) アセスメントにおける「活動・参加」

　介護過程のアセスメントにおいて,ICFの「活動・参加」について言及するならば,2つの要素について考える必要がある。1つは,介護予防,機能訓練を中心とする介護度が軽度の高齢者に対しての生活自立に向けた「活動・参加」である。2つめは,高齢者全般についての普遍的な「活動・参加」の概念である。

　高齢の利用者についてアセスメントを行う際には,まず介護度でみるのではなく,介護の視点からみたひとりの人間として考えてみることが必要である。その場合,

「活動・参加」におけるアセスメント項目は，目的別のアセスメントデータをとるようにしなければならない。それは，「介護を必要とする高齢者全般のアセスメントデータ」と「介護予防を目的とするアセスメントデータ」に分けることができる。

介護を必要とする高齢者全般の場合には，すべての人びとがそうであるように，生きる希望をもち，残存機能を使って生活しているひとりの高齢者についてアセスメントを行うということである。そのことをアセスメントの基本的項目として確認しておく必要があり，寝たきりで重度の障害のある利用者であっても変わりはない。

例えば，ICFの「活動・参加」を介護の視点で普遍的な状況に置き換えてみるならば，利用者が，ある志向性をもって毎日をいきいきと快適に過ごすというような情緒を持ち続けたいと思っているとする。そのことは，1つひとつの個別のアセスメントをベースにしながらも，帰するところ「活動・参加」は，人間のもっている全人的な力を統合することによってはじめて可能になるのである。全人的とは，人間のもっている身体能力だけではなく，喜び・悲しみ・希望などを総合的にとらえ，そして統合するという意味である。

介護予防を目的とするアセスメントデータとは，機能回復などの具体的な目標を志向するものであり，リハビリテーションにかかわる検査データ，福祉用具の利用・活用などにかかわる所見など，主に医療専門職を中心とした領域でのデータである。すなわち，訓練による機能回復や自立などによって直接的に「活動・参加」へとつながるものである。

これまでのアセスメントの多くは，利用者のどこが悪いのか，できないのかというような固定的・静態的な形で行われてきた。ICFは，その人の残存機能の活用や，できないところをできるようにという，自立・社会的役割・将来志向型の価値観をアセスメントにとり込んだところに特徴があるといえる。その内容は障害の程度や態様によって変化してくるが，たとえ全面介助の人でも，重度の認知症の人でも，「活動・参加」は人間の本質として認識しておく必要がある。満足感，快適性，共に楽しむというような生活のもつ普遍的な事柄についても広い意味では「活動」と考えることができる。

背景因子である「個人因子」と「環境因子」は，「活動・参加」の促進因子あるいは阻害因子としてその特性をアセスメントで明らかにされなければならないが，その際，「個人因子」と「環境因子」は関係性の中で相互変数的に影響し合い変容するものであることを忘れてはならない（図5・2）。

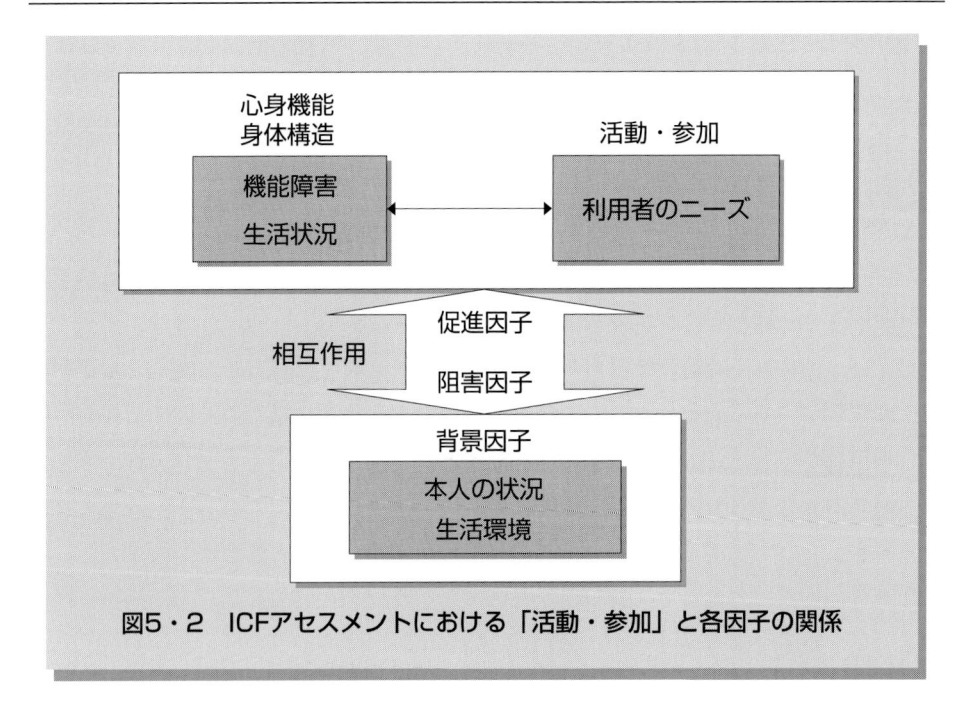

図5・2　ICFアセスメントにおける「活動・参加」と各因子の関係

2）ICFをとり入れたアセスメントの視点

　従来のアセスメントの視点は，心身のどの機能が低下しているのか，それによって生活がどのように不自由になっているのかということが中心であった。機能損傷や能力低下の状態と，それに起因する生活支障の状況の把握に重きが置かれ，利用者の「活動」や「参加」については，ことさら意識的にとり上げられてはこなかった。

　しかし実際には，現状の把握や認識が，そのことのみにとどまることはありえない。表裏一体にその状況を今後どのように改善していきたいのかという価値判断がともなうはずであり，その両者がケアプランに統合される。言い換えれば，アセスメントは常に生活課題を解決したいという方向性をもっている。つまり，従来のアセスメントにおいても，生活課題の把握から設定された目標の達成にいたる過程の中で「活動・参加」という概念は内包されていたと考えることができる。

　ICFをとり入れた介護過程でのアセスメントにおいては，介護職が，「活動・参加」という目標概念を従来以上により明確に意識してアセスメントを行うということにその意味がある。したがって，従来と全く異なったアセスメント項目が新たに登場するわけではないが，その視点には「活動・参加」に向けた方向性が求められることとなる。ADL，IADLについていえば，"できる""できない"という現状の把握に基づいて"これからどのようにしたらよりよき活動・参加につながるか"という目標概念を指向するアセスメントが必要になる。

3）ICFをとり入れたアセスメント
（1）阻害因子と促進因子
　ここでは"入浴"にかかわる生活支障を例としてとり上げて考えてみよう。入浴のようなADLにかかわるアセスメント項目には通常，次の段階への方向性が内在している。それがケアプランにおいて具体的なものとして提示される。

　「ひとりで入浴したい」という本人あるいは家族の希望・要請の背景には，"入浴できない"という生活の支障がある。「風呂場で足をすべらせたことがあり，それ以来，怖くてひとりでは入浴できなくなってしまった」というような気持ちのうえでの阻害因子，「浴槽が狭い」というような環境のうえでの阻害因子，「膝が曲がらないため浴槽の縁をまたげない」などの身体機能上の阻害因子，さらにそれらのいくつかが複合した阻害因子などがアセスメント項目としてあげられる。その結果，それらの阻害因子を解決するための環境の整備，身体機能回復に向けての援助，本人の気持ちの問題へのケアの方策などが促進因子として考えられることとなる。そして，それらの促進因子となる事柄や判断も，本人の生活の状況についての仔細なアセスメントをとおして具体的な方策が考慮されることとなる。

　「現在どうなっているのか」ということは，多様な要素を包含する生活の状況においてどうなっているのかということであり，したがってそこには阻害因子もあれば促進因子も含まれている。ケアプラン作成の前段階としてデータとして阻害因子や促進因子が提示されてくることになる。

（2）アセスメントにおける医学モデルと生活モデル
　アセスメントにおける医学モデルと生活モデルの関係についてみてみよう。医学モデルでは心身機能や身体構造などの因子についての機能訓練を中心とする改善の方向性を中心としたアセスメント項目が多くなる。

　一方，生活モデルの視点からいえば生活状況の理解やあるいは生活場面の環境改善，情緒的意味における意欲を高めるというような生活面の要素が強くなる。アセスメントにおいては両者の項目が統合されることになるのだが，生活モデルに軸足をおいた場合，日常生活の中での利用者のもっている心身の活性化や精神の躍動感を正面から捉えることになり，それがケアの大きな手がかりとなるという点で大きな意義がある。

　したがって，アセスメントについて以下の2点について考慮する必要がある。1つは，利用者のその時点の状況のアセスメントである。心身機能・身体構造・機能障害・プロフィールなどを的確に捉えておく必要があるという点であり，「今，行われている生活状況」のアセスメントである。2つめは，これからどのように生活を維持し改善していくのか，今後の生活の方向性をどのように考えるのかという目標概念と

してのアセスメントである。

（3）ICFをとり入れたアセスメントの項目

ICFをとり入れたアセスメントでは，利用者の「活動・参加」の背景因子（個人因子・環境因子）の把握を行うのであり，その人の「活動・参加」の阻害因子・促進因子にかかわるデータの収集を行う。背景因子とは，生活課題解決のためにその人のおかれた生活状況を理解するためのものである。生活状況は，生活そのもののもつ特性からみて個人因子と環境因子に分けることになる。個人因子・背景因子ともにその阻害因子と促進因子をとり上げたことにICFの大きな意義がある。

表5-2に従来行われてきた「概括的アセスメント項目（例）」[3]を，表5-3・表5-4にICFにおける「活動・参加」を意識したアセスメント項目（例）を示した。

4) ICFをとり入れたアセスメントの実際

アセスメントは項目別に分け，分析的な方法を用いて行われる。しかしながら人間生活はもともと統合的に営まれているので，最終的には"その人の生活"とう視点で統合される。アセスメントはあくまでもデータである。ひとりの人間は分化しているわけではなく一体であるから，アセスメントは，ひとりの人間の生活支障を明らかにするという視点で統合され，ケアプランにおける生活課題（ニーズ）として表現される。

利用者が訪問介護員に昼食をつくってほしいと依頼した場合を例にとって考えてみよう。この場合，①ひとり暮らしの利用者が美味しい栄養のある昼食を食べることができること，②介護職の心遣いにふれて心が活性化し精神的な躍動感を獲得すること，の2つが介護のテーマとなるわけだが，これを「活動・参加」「個人因子」「環境因子」「促進因子」という観点からみると以下のように整理して考えることができる。

活動・参加：利用者と介護職とのこれまでの人間関係の過程で，両者の関係性が構築されている場合には，「美味しく昼食を食べること」という生活課題は「活動＝精神的躍動」につながる。そして利用者は，訪問介護員を含めた生活支援システム（食事を作る，食事を食べるという社会関係における役割が設定されている）を利用するという意味において「参加」している。

個人因子：「食事の準備ができない」という生活支障における機能障害・生活状況については，固定的で静態的なデータ（医学的データ）と捉えて理解する。一方，本人の情緒や動機づけは生活の中で日々変容する可能性をもつ動態的なものであり，常に生活状況に影響をおよぼしている。このことは，個人因子の際立った特性の1つで

表5-2　概括的アセスメント項目（例）《その時点の状況のアセスメント》

アセスメント項目	アセスメント内容	アセスメント（課題分析の視点）
①プロフィール	氏名，年齢，性別，要介護度，入所までの状況など。	
②機能障害	身体機能の状況。精神機能の状況。感覚機能の状況。言語機能の状況。	機能障害に起因する生活支障については医学的データや必要な資料に基づいてアセスメントを行う。
③健康状態	症状・疾患・治療。	専門的データ（例えば，医学的データ）によってアセスメントを行う。
④生活状況	ADL/IADL	生活状況および背景となる個人因子・環境因子をみる。生活支障の状況とその起因となる阻害因子，今後の方向性にかかわる促進因子についてアセスメントを行い，適切な方向性を判断する。
⑤生活環境	対人関係，家族関係，社会的関係，専門職との関係，社会資源など……。	個人と環境とのかかわりについてアセスメントを行う。
⑥本人の状況	本人の希望・意欲・動機づけ。	コミュニケーション・あるいは全人的理解などから総合的に判断される。

≪目標概念としての「活動・参加」を意識したアセスメント≫

表5-3　ICFにおける「活動」を意識したアセスメント項目（例）

項　　目	内　　容
①身体機能の維持・改善	機能訓練などによる。
②心身の活性化	アクティビティ，ライフスタイルの変容などによる。
③精神的安定	特に認知症高齢者にかかわる精神的安定。

表5-4　ICFにおける「参加」を意識したアセスメント項目（例）

項　　目	内　　容
①人間関係・生活関係	寝たきりであっても，どのような状態であっても，その人がいつも尊重され，その人の存在が敬愛されているという自己認識があるかというアセスメント。
②家族・施設生活	主体性が尊重され役割の場が与えられているかというアセスメント。
③社会活動の維持・改善	社会の一員としての役割があるかというアセスメント。

あり，利用者本人にとって促進因子にも阻害因子にもなりうる。

　環境因子：訪問介護員は，環境因子の1つであるが，そのかかわりは利用者本人にとっての「活動・参加」への促進因子にも阻害因子にもなりうる。訪問介護員が利用者の「美味しく昼食を食べる」という活動に参加するということは，促進因子としての役割をもっている。しかし，訪問介護員のかかわり方が，利用者本人に気遣いを必要とさせ，ストレスや意欲の喪失感などにつながる可能性もないとはいえない。その場合，訪問介護員のかかわりは阻害因子になりうる。両者の相互作用は，介護の質を左右する重要なポイントであり，促進因子としての訪問介護員のかかわりは利用者が美味しそうに昼食を食べているのを見て，食事の支援についての効果を確認することになる。

　促進因子：訪問介護員との人間関係が構築されること，美味しい昼食を食べることで利用者の気持ちは豊かになり満足感を得て，心の活性化につながる。環境因子としての訪問介護員の支援が促進因子となるわけである。食事支援における利用者と訪問介護員の相互作用は，利用者にとっての促進因子である。ある意味では，アクティビティケアであるということもできる[4]。

4.「活動・参加」をとり入れたケアプランの立案

　ICFの「活動・参加」をとり入れたケアプランの立案にあたっては，利用者のプロフィール，健康状態，心身機能，身体構造，生活状況などを理解するとともに，利用者本人が生活支障についてどう理解し，どのように生活しようとしているのかについてのアセスメントから始まる。その場合，個人因子としての本人のニーズ，家族や社会との関係などの環境因子の把握は欠かすことができない。具体的には，本人や家族とのコミュニケーションを通して，本人のニーズを把握していくことになる。ニーズの把握にあたり，利用者と介護職との関係の構築は最も重要な課題であり，ケアプラン立案におけるポイントとなる。

　介護の視点でみるICFの「活動・参加」とは，「生きる力を増し，残存機能を使い，寝たきりでも心が活性化し，満足，希望などの感情を全人格的に統合できる」というような，「その人らしい生き方に十分に配慮をする」こととするならば，介護度に関係なくすべての利用者に対してあてはめることが可能であり，「活動・参加」は介護過程における目標の1つとして位置づけられる。

5. ICFにおける生活課題をどのようにみるか

　ケアプランに生活課題をとり上げる場合には，優先順位について考慮するが，そのとき，2つの視点からニーズを考えてみる必要がある。1つは，人間のニーズはけっして平板的ではなく，常に選択的行動があるということである。2つめは，制度的制約があるということである。この2つの視点から「活動・参加」における優先順位を考える必要がある。

　例えば，健康状態や入浴・排泄・食事などの基本的生活行動は第一義的なものとみることができる。そこに生活支障があれば，そのことの背景因子をきちんとアセスメントする必要がある。さらにいうならば生活課題に対するサービス内容が，環境因子としての介護保険制度における介護サービスの該当項目となっているかどうかについても検討しなければならない。

　例えば，社会参加をデイサービスセンターでの機能訓練として実現するような場合，機能訓練は，いわばよりよき生活への改善という促進因子に重点をおいた考え方であり，そのことは介護サービスにおける介護予防においても認められているところである。

　このように考えると，生活課題（ニーズ）の優先順位は，本人が現状の生活支障の不十分さを補うという視点と，よりよく生活状態を改善するという2つの視点において，本人のニーズの重点がどこにあるのかということが第一の観点である。第二の観点は，本人のニーズについて，社会的な認識として，制度的にみても，支援されうるという認識を背景にもっていることが必要となる。

　なお，本人の生活課題（ニーズ）は，介護関係者の意思と一致しない場合がある。あるいは家族のなかにおいても不調和の場合がある。このような場合の生活課題（ニーズ）は，介護関係者との信頼関係における時間的経過のなかで，次第に適切な方向性に導くような関係者の努力が必要となる。

6. 事例—ICFをとり入れたアセスメントとケアプラン—

1）施設の生活に張り合いをもてないでいるKさん
(1) Kさんの最近の生活状況

▶事　例：11

　Kさんは，1年前の87歳のとき自宅で転倒し，右の大腿骨頸部を骨折した。入院を経て特別養護老人ホームに入所し3ヵ月が経過した。入所時は，日常生活での移動はほとんど車いす利用であったが，施設職員らのかかわりにより次第に自力歩行

> が可能になった。
> 最近は食事摂取量が減少し，それにともなって体力の低下がみられ，歩行も不安定になってきた。また，居室にいることが多く，他の利用者との交流も少ない。
> 入院前は，長男夫婦と同居していたが，仕事をもっている嫁の介護負担感が大きいための施設入所であった。週に1回は長男あるいは嫁が面会に訪れる。

(2) Kさんについての概括的アセスメント

表5-5　Kさんの概括的アセスメント項目

アセスメント項目	アセスメント内容	アセスメント（課題分析の視点）
①プロフィール	年齢：88歳，性別：女性，介護度：要介護2	Kさんを理解するための概括的なデータを把握する。年齢や介護度などに関する状況からの心身機能，身体構造などを理解をする。
②機能障害	・身体機能の状況：老化による体力低下と，右の大腿骨頸部骨折の後遺症により歩行が不安定である。 ・精神機能の状況：特に問題はない。 ・感覚機能の状況：聴覚・視覚ともに年相応の低下はみられるが日常生活に支障はない。 ・言語機能の状況：意思の疎通に問題はない。	医学的データなどを基礎に，心身機能や身体構造において生活支障となる阻害因子について理解し，身体機能の維持改善のための促進因子をアセスメントする。
③健康状態	食後の整腸剤と便秘のために就寝前に医師処方の下剤を服用している。排便はコントロールされており問題はない。	医学的データなどに基づき，健康状態を脅かす阻害因子と維持するための促進因子をアセスメントする。
④生活状況	【ADLの状況】 ・移動：食事摂取量減少にともなう体力低下のためか以前より歩行が不安定になってきた。日常生活の移動はゆっくりであるが自力で行っている。 ・食事：食事動作は自立しているが食欲が落ちてきており，摂取量も1ヵ月前の半分程度である。 ・排泄：見守りを要するが自力でトイレ可能。夜間はポータブルトイレを使用している。 ・入浴：一般浴を使用し，洗髪や洗身に介助が必要である。 ・整容：洗面・歯磨きは促しで自力で可能。 ・更衣：衣類の選択など，部分的な介助は必要とするが着替えは自力で行っている。	歩行の不安定さ，食事摂取量の低下など身体機能の低下についての阻害因子，生活自立の範囲を維持・拡大するための促進因子とその可能性についてアセスメントする。

	【IADL の状況】 ・金銭管理は家族の希望により施設で行っている。 ・服薬管理は施設で行っている。 【コミュニケーションの状況】 ・必要なこと以外は自分から話すことはない。職員の声かけには応えるが，他の利用者との交流はみられない。	
⑤生活環境	・個室でありほとんど居室にいて何もせずボーッとしていることが多い。 ・趣味・楽しみ：本人に聞いても特にないという。 ・家族との関係：家族は在宅での介護には否定的である。週に1度長男か嫁が交互に面会に訪れた時は楽しそうにしている。嫁との関係は悪くなさそうである。 ・職員との関係：自分から話しかけることはないが，声をかけられると普通に対応している。職員への印象は良いようだ。	施設内における人間関係の形成，家族との関係，利用者本人のニーズがどこにあるのかについて，本人とのコミュニケーションをもとにKさんの生活自立にむけての阻害因子と促進因子についてアセスメントし，適切な方向性を見出す。
⑥本人の状況	【本人の希望・意欲・動機づけ】 ・施設の生活に不満はないようであるが，生活に張り合いを見つけることができずにいる。ここ1ヵ月ほど元気がなく，食欲もない，笑顔もほとんどみられない。	Kさんのプロフィールや入所までの状況などを十分に理解したうえで本人のニーズについてコミュニケーションをもとに阻害因子・促進因子についてアセスメントする。

(3) ICFに基づくアセスメントの視点―全人的理解に基づくアセスメント―

　食事摂取量の減少がみられ食欲もない。また生活の楽しみを見出せないでいるKさんのアセスメントを行う場合，「活動・参加」（生活自立）における「阻害因子」と「促進因子」についての理解が重要である。

　具体的には，日常生活における移動が思うようにできないこと，生活の楽しみを見出せないこと，食欲も低下してきているという，生活支障における「阻害因子」を把握すること。さらには介護職と本人との関係性における洞察的理解に基づく「促進因子」の把握が求められる。

　医学的なデータに照らして身体的な健康障害がみられないKさんの場合，概括的なアセスメント項目としては，食事に関することと施設生活の楽しみについての生活課題を独立した項目としてとり上げてはいるが，生活の張り合いのなさと食欲の減少とは関連しているではないだろうかという推測が成り立つ。その場合，Kさんが，どのような思いで生活しているのかについては，コミュケーションを通して共感・受容

▶Kさんのケアプランと作成にあたっての留意点

	生活全般の解決すべき課題（ニーズ）	援助目標		
		長期目標	期間	短期
生活全般の解決すべき課題（ニーズ）は，利用者を含めた家族，介護職などのテーマであり，生活課題としてとり上げたいという認識に基づく。表現方法の（特に語尾）にはこだわらない。	食事が美味しくないと言い摂取量が減少してきた。	食事に満足感をもつようになる。	3ヵ月	栄養士との連食事摂える。
周囲の環境（例えば職員のかかわりや食堂の環境・食事メニュー）が阻害因子になっている。				
	食事がおいしくないということは利用者と介護職のかかわりにおける全体的理解であり，摂取量の減少は分析的な理解である。			
周囲の環境（例えば職員との関係），個人因子（施設の生活に適応できない）が阻害因子になっている。	施設生活での楽しみを見出すことができない。	張り合いのある生活がおくれるようになる。	3ヵ月	興味・ることことが
	全人的な理解から得られた生活課題である。			
周囲の環境（例えば職員との関係），健康状態・ADL（医学的事柄）が阻害因子になっている。	歩行が不安定なため転倒の危険がある。	医療との連携により無理がない状態で歩行を維持する。	3ヵ月	転倒せの歩行持でき

3．アセスメント

> 援助目標は活動・参加に対応する。したがって，生活自立に向けた内容になる。

> サービス内容は活動・参加に対する促進因子となる。担当者は促進因子としてのかかわりが求められる。

> 担当者は環境因子となる。担当者のかかわりは，活動・参加の促進因子にも阻害因子にもなりうる。

目　標	期間	援　助　内　容				
		サ　ー　ビ　ス　内　容	担当者	頻度	期間	
や調理師携により取量が増	1ヵ月	嗜好にあった味付け，献立の工夫をする。 食事摂取量や食事のときの様子の観察を行う。 ゆっくり食事ができるような環境にする（食事の時間・職員の声かけなど）。	介護職 看護師 栄養士 調理師			
関心のあを見出すできる。	1ヵ月	これまでのライフスタイルなどを家族に聞き，施設の生活の中で関心がもてるようなことを一緒に話し合う。 常に声かけをする。 家族とのかかわりを維持する。 散歩をしたり，他の利用者との交流の機会をつくる。	家族 介護職			
ず，現在状態が維る。	1ヵ月	定期的に医療職との連携をとり，ケアについて随時評価を行う。 必要時杖歩行を考える。 その都度，心身の状態について本人に確認し，チーム全体で共有しながら対応する。	医師 看護師 介護職 PT			

し，生活に楽しみを見出せるように意図的なかかわりをもつことで食欲も回復してくるのではないかという可能性が考えられる。

　Kさんの食事に対する思いや嗜好，あるいは施設生活の楽しみについて，介護職が共感的理解を行いながら十分なコミュニケーションをとることで，徐々にではあるにせよKさんの気持ちは癒されてくるのではないだろうか。このことは，推測的な判断をともなうことになるが，Kさんへの促進因子としてケアプランのサービス内容に反映し実践されることになる。

　以上のようなKさんの状況を踏まえ，ケアマネジャーは担当の介護職と協議のうえ，次のように生活課題（ニーズ）を提示した。そして，臨時ケアカンファレンスが開催され，関係する他の専門職とも協議してKさんのケアプランが作成された。

【提示された生活課題（ニーズ）】
① 食事が美味しくないと言い，摂取量が減少してきた。
② 施設生活での楽しみを得ることができない。
③ 歩行が不安定なため，転倒の危険がある。

2）施設の生活に適応支障をきたしているLさん
（1）最近のLさんの生活状況

▶事 例：12

　Lさんは，80歳を過ぎたころから少しずつ物忘れがみられるようになってきた。ガスコンロの火の消し忘れや見当識障害が徐々に発現してきたこともあり，隣人のすすめで近くの病院を受診した。アルツハイマー病との診断であったが，夫の介護や訪問介護員の支援，ショートステイなどを利用しながら在宅で生活していた。しかし，最近は徘徊などの行動障害がみられるようになり，特別養護老人ホームに入所し2週間が経過した。

　身体機能に起因する生活支障はないが，夕方になると精神的に不安定になり，家に帰りたいと言いながら玄関を探しての徘徊がみられる。

　家族の状況は，夫と2人暮らしである。夫は86歳と高齢であるが，自立して生活している。子どもはいない。夫は妻のことが気になる様子で，週に1回程度タクシーを利用して面会に訪れている。

（2）Lさんについての概括的アセスメント

表5-6　Lさんの概括的アセスメント項目

アセスメント項目	アセスメント内容	アセスメント（課題分析の視点）
①プロフィール	年齢：83歳，性別：女性，介護度：要介護2	Lさんを理解するための概括的なデータを把握する。Lさん自身のこと，生活状況などの理解。
②機能障害	・身体機能の状況：身体的な機能障害はみられない。 ・精神機能の状況：アルツハイマー型認知症（重度）。 ・感覚機能の状況：聴覚・視覚ともに年相応の低下はみられるが，日常生活に支障はない。 ・言語機能の状況：コミュニケーションがとれないことが多い。	精神科医のデータに基づくアセスメントや，家族からの話，本人の生活状況の観察，発言・表現・態度などにより総合的に生活支障を探る。
③健康状態	便秘のために就寝前に医師処方の下剤を服用している。コントロールされておらずトイレに間に合わないことがある。	医学的データなどに基づき，健康状態を維持するための促進因子と，それを脅かす阻害因子を把握する。
④生活状況	【ADLの状況】 ・移動：見守りにて自力で可能である。 ・排泄：昼はトイレに誘導している。後始末は介助が必要である。夜間はポータブルトイレ使用し全介助を要する。 ・入浴：一般浴を使用し，洗髪や洗身は介助が必要である。 ・整容：洗面・歯磨きは促しで自力で可能であるが見守りが必要である。 ・更衣：衣類の選択など，部分的な介助は必要とするが着替えは自力で行っている。 【IADLの状況】 ・金銭管理は困難であり，家族の希望にて施設で行っている。 ・服薬管理は困難なので施設で行っている。 【コミュニケーションの状況】 ・自分から話すことはほとんどみられない。職員の声かけには応えるが，他の利用者との交流はみられない。	重度認知症の「活動・参加」とは何か，この事例で特に重要なことは，生活自立における阻害・促進因子を認知症の場合にどう理解するのかということになる（この部分については下記の「（3）ICFに基づくアセスメントの視点」を参照）。
⑤生活環境	・2人室であるが，同室利用者との交流はない。 ・趣味・楽しみ：夫の話では歌が好きとのことである。夫の面会時には嬉しそうな表情をす	夫との関係，施設の職員や他の利用者との関係における本人のニーズを考慮しながらかかわり，適切な方向

	る。 ・家族との関係：夫も高齢のため在宅での介護は困難である。 ・職員との関係：自分から話しかけることはない。職員への印象は良いようだ。	性が見出せるような促進因子をさぐる。
⑥本人の状況	【本人の希望・意欲・動機づけ】 ・施設の生活に少しずつではあるが適応してきており，食事の声かけには嬉しそうな反応が見られ，全量摂取するようになった。しかし，夕方になると精神的に不安定になり家に帰りたいと徘徊する。	本人のプロフイールやこれまでのライフスタイルなどを十分考慮し，職員の声かけに対する反応や表情，態度などから阻害因子・促進因子をさぐる。

（3）ICFに基づくアセスメントの視点―全人的理解に基づくアセスメント―

　Lさんのアセスメントを行う際には，認知症であるLさんの「阻害因子」「促進因子」をどのように理解するのかという点がポイントになる。

　認知症の利用者を理解しようとする場合，介護職が最初に行うべきことは，認知症であるLさんとの関係性における洞察的理解から「促進因子」をみつけるのと同時に，生活支障における「阻害因子」を見極めることである。Lさんはどのような思いで徘徊するのか，夕方の精神的不安定はどこからくるのか，どのような思いで過ごしているのかなどについて，常にその「阻害因子」を「促進因子」とともに考える必要がある。

　認知症の場合，まず徘徊などの行動を仔細に観察する。行動については観察によって外形的な判断は可能である。言い換えれば，"徘徊していることは見ればわかる"。しかし，行動観察だけではアセスメントにはならない。

　夕方になるとどうして徘徊するのかということについては，Lさんの生活状況についての推測や解釈が求められる。介護職は徘徊をしているLさんの心の中の風景を洞察し推測し解釈しなければならない。したがって，この場合の「阻害因子」についてのアセスメントは，共感的・洞察的理解によることになる。

　「促進因子」を考えようとする際には，そこに推測的判断の要素が加わる。共感的理解や洞察によってLさんの心の状況について理解し，さらに，よりよき方向性へ向けての仮説や推測についての判断がともなうこととなるわけである。また留意しなければならないのは，「促進因子」のアセスメントを行おうとする際には，精神的安定・満足感・快適性という人間生活の本質を見落とすことがないようにする。

　以上のようなLさんの状況を踏まえ，担当の介護職と協議のうえケアマネジャーが提示したは生活課題（ニーズ）は以下のようなものである。そして，臨時ケアカン

ファレンスが開催され，Lさんのケアプランが作成された（p.88～p.89）。

【提示された生活課題（ニーズ）】
① 部屋にいることが多く，気力の低下がみられる。
② 便秘があり下剤を服用している。そのためトイレに間にあわず便失禁がときどきみられる。
③ 入所時から，夕方になると徘徊がみられる。

4. ケアカンファレンス

　介護保険制度におけるケアカンファレンスは，「サービス担当者会議」ともいわれ，運用上，ケアプラン作成の主担当者であるケアマネジャーが中心となって開催される。ケアプランはケアカンファレンスを経て決定され，ケアプランに基づいて介護サービスが提供される。

　居宅介護サービスの場合には，利用者・家族の希望に基づいて出されたケア内容について行われることが多く，施設の場合には，利用者・家族はもちろんのこと介護関係者や他の職種から提案されることが多いであろう。両者とも利用者・家族の意思に沿うことが基本となる。

　いずれにせよ，ケアならびに支援にかかわる各種の専門職が，それぞれの立場から利用者の生活支障の状況について理解・判断した内容をカンファレンスという共通の場に出し合い，協議のうえ認識を共有して，ケアプラン案として統合され文書化されて示される。示されたケアプランは，利用者・家族の確認，同意のもとに認定され，介護サービスが実践される。利用者・家族にとっては，生活課題の解決案がどのようにケアプランに提示され，サービスとして提供されるのかを知る必要がある。

1. ケアカンファレンスの目的

　ケアカンファレンスの目的は，ケアマネジャーから提案されたケアプランについて，介護関係者が集まって，目的・内容・方法などについて協議し，ケアプランを決定することである。

　ケアプランは利用者の依頼により作成される。このことは，介護保険制度の「利用者主体」の理念に基づくものである。利用者・家族も，その点について了解しておくことで，利用者の主体的な参加・協働を得ることができ，介護保険制度の目的とする

▶Lさんのケアプランと作成にあたっての留意点

生活全般の解決すべき課題（ニーズ）	援助目標		
	長期目標	期間	短期
部屋にいることが多く、気力の低下がみられる。	生活が活性化される。	3カ月	施設内にできる。
便秘があり、下剤を服用しているが、間に合わず時々便失禁がみられる。	環境が整えられ、規則的な排泄習慣が身につく。	3カ月	便失禁が日中はリンツを使活できる。
入所時から夕方になると徘徊がみられる。	精神的に安定した生活がおくれるようになる。	3カ月	表情が穏り、人間善する。

注釈：

- （1行目に対して）周囲の環境（例えば職員のかかわり・施設の雰囲気など・本人が新しい環境に適応できないこと）などが阻害因子になっている。
- 利用者と介護職のかかわりによる全人的理解からの生活課題である。
- （2行目に対して）トイレに間に合わないための失禁は、施設設備の状況や下剤の服用方法などが阻害因子になっている。
- 便秘は分析的理解（医学的データ）である。
- （3行目に対して）居住環境の変化が阻害因子になっている可能性が大きいと考えられるが、認知症の医学的データもあわせて検討する必要がある。また阻害因子のアセスメントとしては、かかわりにおける共感的・洞察的理解が求められる。
- 徘徊は分析的理解（医学的データ）であるが、全人的理解によるアセスメントが重要である。

4．ケアカンファレンス

> 援助目標は活動・参加に対応する。したがって，生活自立に向けた内容になる。

> サービス内容は活動・参加に対する促進因子となる。したがって担当者は促進因子となるかかわりが求められる。

> 担当者は環境因子となる。担当者のかかわりは，活動・参加の促進因子にも阻害因子にもなりうる。

目標	期間	援助内容			
		サービス内容	担当者	頻度	期間
居場所が	1ヵ月	買い物や調理など，食事の準備や後始末に役割を担ってもらう。 対話の時間をつくり受容的態度で接する。 関心のあることについて家族から情報を得る。 散歩をしたり，他の利用者との交流の機会をつくる。	介護職 看護師		
減少し，ハビリパ用せず生	1ヵ月	起床時にはトイレに誘導する。 居室をトイレに近いところにする。 下剤の服用時間と排便時間のパターンを把握し，プライドを傷つけないようにトイレ誘導する。 水分を十分とるよう働きかける。	介護職 看護師		
やかになる関係が改	1ヵ月	定期的に医療職との連携をとり，医師の診察や指示を得る。 徘徊については，見守り・付き添いながら心理的な支援を行う。 危険のないように配慮する。	医師 看護師 介護職		

> かかわりにおいては常に共感・洞察的理解に基づく推測的判断を行う（Ｌさんの心の状況について理解し，Ｌさんの促進因子を考える方向性についての判断作用がともなう。

「自立支援」を図ることになる。したがって，利用者・家族がケアプランの妥当性を理解し納得できることが必要である。そのためには，ケアプランの基礎となったアセスメントデータについて十分準備をしたうえでカンファレンスを開催する必要がある。

ケアプラン案は，保健，医療，福祉などの各関係者が集まり，目的，内容，方法などについて審議し，利用者に即した実際的なプランを作成する必要がある。ケアプランは関係専門職各メンバーの連携・協働のもとに実施される。

2. ケアカンファレンスの運営

ケアカンファレンスは，ケアマネジャーが包括的ケアプランを作成する際に行われるケアカンファレンスと，介護保険施設や居宅サービス事業所で行うケアカンファレンスがあるが，どちらの場合も，システムとして運営されることが重要である。次の事項については，事前に関係専門職間で取り決めておく必要がある。

① 構成メンバー：ケアプランにかかわる介護職ならびに関係専門職および，利用者・家族などが参加する。利用者が1人暮らしで意思の疎通が困難な場合には，関係専門職は，その利用者の意思をできるだけ理解するよう努めなければならない。
② 開催について：開催場所，当日の運営方法（進行・記録等）などを決めておく。

3. ケアカンファレンスにおけるICFの視点

ICFの提起する「活動・参加」を念頭においたケアカンファレンスにおいて特に留意すべき点は以下の諸項目である。

① 現在の利用者の生活状況における「活動・参加」から，さらにより良き「活動・参加」へ向けての方向性の明確化，およびその基礎となる資料の提供について配慮すること。
②「活動・参加」の内容について，心身機能の維持・活性化を目的とする場合には，機能訓練・口腔ケア・栄養管理などについて，目的を共有する専門職の参加がより一層求められる。
③「活動・参加」については，社会関係的要素に着目することが必須である。したがって，社会資源の活用に向けての専門職間の意見交換や情報提供が，より重要になる。
④ 以上のことを考えるにあたっては，利用者の生活状況の変容やライフスタイルのあり方への総合的な働きかけと対応が求められる。したがって，アセスメントデー

タならびに利用者の現在の状況についての判断や洞察について，関係専門職間でより緊密な連携が行われるよう配慮すること。

4. ケアカンファレンスの種類・時期

実施時期によって，以下のことを行う。

（1）初期（利用時）カンファレンス

施設利用者の施設利用初期におけるカンファレンス。ケアの方針・内容・方法，利用者の希望などについて，利用者・家族の同席のうえ協議する。

（2）中期（繰り返される）カンファレンス

各利用者について定期的に開催されるカンファレンスである。ケアの実践評価，必要に応じたケアプランの確認・修正を行う。利用者の心身機能などの変化に対応し，再アセスメントも行う。

（3）臨時カンファレンス

緊急事態に対応する場合や，利用者の状況に応じた関係職員によるカンファレンスなどである。

（4）終期カンファレンス

介護サービスの終了時のカンファレンスである。利用者の状況評価を行い，今後の生活に適応するための情報提供や継続支援などについての協議を行う。

5. ケアプランの作成モデル

ケアプランは，アセスメントをもとに利用者の意思を明確にし，利用者が主体的に「活動・参加」できるように，また自立に向かえるように生活課題をかかげ，その生活課題に対して具体的に解決する方法を利用者・家族とともに計画し，文書化するものである。あくまでも利用者を主体とし，利用者の意思に沿うものでなければならず，利用者の思いに介護者の専門的判断を加えて話し合い，双方の合意に基づいたケアプランを作成する。

ICFでは，その概念枠組みに社会モデル（本書では以下「生活モデル」という）をとり入れている。「生活モデル」というのは，心身の障害にともなう生活支障が環境との関係において生じているということに着眼した考え方である。すなわちケアプラン作成においては，個人因子と環境因子とをどのように改善するかという方向性をもたなければならない。このことをさらに説明すれば，「活動」とは何か，「参加」とは

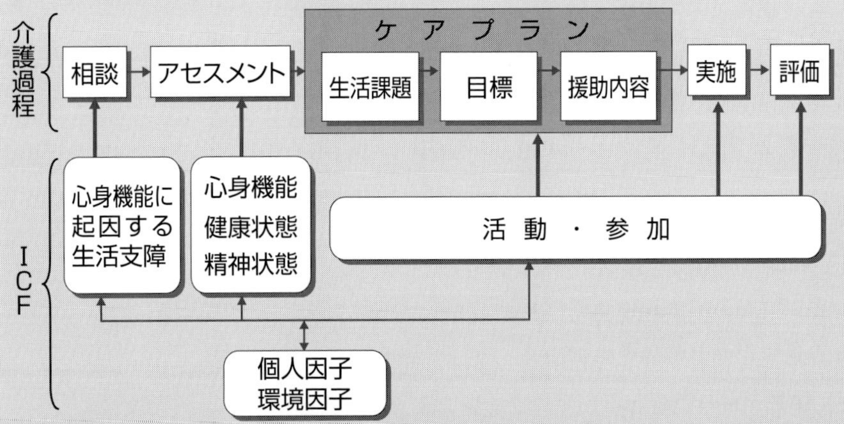

5章　ICFをとり入れたケアプランの作成

```
介護過程：相談 → アセスメント → ケアプラン（生活課題 → 目標 → 援助内容）→ 実施 → 評価
ICF：心身機能に起因する生活支障／心身機能・健康状態・精神状態／活動・参加／個人因子・環境因子
```

従来の介護過程の流れは変わらないが，的確に情報を組み入れるために，ICFの考え方を意識的にとり入れる。ICFの考え方を現在行われている介護過程にとり入れて，より実際的に作成した。

図5・3　ICFをとり入れたケアプランの作成

何かという問題を，ケアプランにおいて実現しなければならないということであり，それは自立という問題をどうみるかということにつながってくる（図5・3）。

1. 生活課題

　利用者・家族はよりよく生活したい，自立の範囲を広げたい，心身機能の低下を緩やかにしたいというようなさまざまなニーズをもっている。そのさまざまなニーズを「活動」という概念で表現したものが「生活課題」となる。利用者にとっては，具体的な将来の方向性がみえないために「生活課題」が表現できないこともあるが，そのときは利用者の身近で具体的な問題から次第にその問題に付随する情報を増やし，ケアプランが具体化するような方向性にもっていく必要がある。

　また，相談からアセスメントにおける「活動・参加」にかかわる背景因子をどのようにケアプランにとり入れるかということについては，日常生活の支障の状況を的確に理解するために，阻害因子を理解する必要がある。しかしながらケアプラン作成においては，阻害因子を理解しながら，なおかつその阻害因子を促進因子として具体的に転換し展開していくことになる。阻害因子をよく理解したうえで，促進因子に重みづけをおくことである。

2. 長期目標，短期目標

　長期目標は，利用者の抱える生活支障の軽減や解決により得られるであろう利用者の希望する生活状況であり，短期目標は，長期目標を実現するための段階的目標となる。

　目標もまた「活動・参加」ということをとおして考えてみると，精神的・身体的に自己のおかれた状況を受け止めてよりよきライフスタイルを形成し，精神的な躍動感をもつという意味における目標と，運動器機能向上，栄養改善，口腔機能向上などを目標にした介護予防における自立を目標としたものとの2つを例にとって考える。ここで注意すべきことは，精神的躍動感や具体的介護予防という目標概念は，利用者の主体的な動機づけやその方向性の認識がなければ十分なケアプランとはならないということである。したがってケアプランの作成においては，各背景因子が具体的な「活動・参加」をとり入れたケアプランとなるようにし，それを支える利用者の動機づけというものがどのような背景因子と関連しているかを，的確にとらえられなければならない。

3. 支援内容

　短期目標を設定した後，その短期目標を達成するためにはどのような介護サービスを提供すればよいのかを考える。つまり，具体的にどのように環境因子を整えていくかということである。

　何らかの障害のある利用者が，生活環境との関係のなかでどう生きていくかというときに，「活動・参加」という概念をとり入れることになる。「活動」の内包する概念の1つは人間の生活のなかでいかなる重度の病気や障害をもっていても，人間の活動の意義や目的を見失うことはないという価値観であり，もう1つは，具体的に介護予防という形で「活動・参加」を具体化するということである。つまり，ケアプランにおいては「活動・参加」という価値観をケアプランにどう活かすかということを考えて作成することになる。

　「参加」は社会的役割や所属感であり，これをケアプランに活かすときには，家族関係や社会的関係，人間関係において，その人がどのような位置づけをもってそこに所属し，自分の役割を果たしているかを考えていくことになる。参加（役割）には，「お母さん」，「お父さん」，「会社員」というように形があるものと，「そこにあなたがいてくれるだけで嬉しい，幸せを感じられる」というような形のない精神的なものがある。身寄りがなく，ひとりで施設で生活しているという状況からは「参加」，「役

5章 ICFをとり入れたケアプランの作成

割」の関係性が大切である。何もやることがなく，ただテレビを見て1日を過ごしている利用者の「参加」はどう考えるのかということがいつも問題となる。「参加」は関係性である。いつも愛してくれる人が傍にいれば，仕事はしていなくても社会参加しているといえる。

次に，具体的な例をあげて説明する。

▶事 例：13

Mさん　74歳　女性
障害程度：脳梗塞後遺症による左片麻痺，移動は車いす
生活形態：居宅

　入院中は平行棒による歩行訓練を行っていたが，自宅に帰ってからは，外出することもなく，家のなかにも段差があるため，ほとんど自室のベッド上で生活をするようになった。しかし，1週間前に近隣に住む小学5年生の孫が訪れ，「今度の敬老の日に，おじいちゃんおばあちゃん参観日があるから，学校に来てね」と言ってくれたことで，Mさんは歩けるようになりたいと思うようになり，ケアマネジャーに相談した。

　生活課題：孫と一緒に歩きたい。
　長期目標：杖を使用して歩行できるようになる。
　短期目標：安定した立体をとることができる。
　支援内容：デイケアに通所し，リハビリテーションを行う。
　　　　　　住宅改造を行う（段差の解消，手すりの設置）。
　　　　　　自宅での機能訓練メニューの作成と実施をする。

孫の一言で，本人の意欲が引き出され，動機づけがなされている利用者に対し，歩くことの阻害因子である環境因子を整備し，車いすでの移動という「している活動」から，杖を使用して歩行するという「できる活動」へと，可能性に向かってケアプランが作成されることになった。機能回復訓練は，身体機能の向上だけでなく，精神面での明日への楽しみ，明日への希望がもてる生活をもたらす。

▶事 例：14

Nさん　70歳　男性
障害程度：10年前よりALS（筋萎縮性側索硬化症）を発症し，1年前に人工呼吸器を装着した。現在は自分で体を動かすことは全くできず，発語もできないため，コミュニケーション手段もない状態である。
生活形態：妻・娘家族と同居

　生活をおくるうえで全介助が必要であり，妻が主となって介護をし，訪問看護サービス，訪問介護サービスを利用している。利用者のベッドは居間の続きの部屋

> に置かれている。家族はいつもベッドの周りに集まり、その日の出来事を話している。
>
> 　生活課題：父親としての役割，存在感を感じることができる。
> 　長期目標：精神的に安定した生活をおくり，家族の一員であることの喜びを感じる。
> 　短期目標：現在の身体状況を維持する。
> 　支援内容：身体的苦痛を取り除く（体位変換，吸引など）。
> 　　　　　　介護者の介護負担を軽減する。

　ALSという重度の障害のあるNさんにとっては，地域社会に出かけて自分で何かを行うことは，もちろんできない。しかし，家族に囲まれて生活をおくることができるということは，そこに自分の居場所があり，父親としての役割を果たすという「活動・参加」が行われることになる。また，家族が健康で明るく生活をおくっていることを知ることは，Nさんに安心感をもたらすことになるであろう。ケアプランは，この「活動・参加」が続けられるように，本人の健康維持や家族の介護負担の軽減などに配慮されたものが作成されることとなる。

　ICFにおける「活動・参加」は，要支援や要介護1，2といった障害の軽い利用者が「している活動」をリハビリテーションによって「できる活動」に変化させたり，障害者が仕事に就き，再び社会参加するようになるといったことのみに適合するものではない。人間とは，快適さ，豊かさ，安心，満足感，希望などさまざまな感情をもった動物であり，人間が生きる力を増して，残存機能を使い，寝たきりであっても精神的な心の活性化をもって全人格的にそれらのさまざまな感情を統合させ，その人らしい生き方を保証するのが「活動」である。

6. モニタリング

1. モニタリングの視点

　毎日の介護は，ケアプランに沿って介護職によって実践されるが，その介護が利用者の生活課題の達成に有効であるかどうかを評価することは重要な作業である。モニタリングは評価の指標となるものである。モニタリングは，ケアプランが計画どおり行われているか，提供された介護サービスが利用者の満足のいくものであるか，ということを，介護実践に伴う生活状況の変化について経過観察するものである。モニタ

リングの結果，ケアが適切でなかったり，新たな課題が生じていることが判明した場合には，直ちに評価が行われ，中間的にケアプランの修正が行われる。その意味では，モニタリングは，評価のための資料の提供ということができる。

2. モニタリングとアセスメント

　アセスメント資料は生活課題の明確化のための出発点であり，ケアプランの目標，支援内容へと具体化していく。モニタリングはケアプランに基づいた実践活動の中で行われるが，ケアプラン自体あるいはケアプランで設定した目標が，アセスメントに基づいて明確になった生活課題の解決に向けて十分なものであるか，言い換えればアセスメント資料と乖離したものとなっていないかについても，モニタリングの中で吟味が行われる。

3. モニタリングの方法

1）モニタリングするのは誰か

　モニタリングを実施するにあたってまず問題になるのは，モニタリングは誰が行うのかということである。これについては，介護実践者とケアマネジャーの両者が考えられる。

　モニタリングは実践の過程のなかで行われるのであるから，まず介護実践者によって行われる。訪問介護サービスにおいてはホームヘルパーが中心となるが，ケアプランの質によっては，看護師，医師，理学療法士，栄養士といったそれぞれの専門職が実践者としての立場で行う。さらに，実践活動はケアプランに基づいて行われるのであるから，ケアプラン作成者，介護保険制度上で具体的にいえばケアマネジャーもモニタリングを行う。例えば，ホームヘルパーが週2回訪問介護サービスを実施しているのだが生活課題が十分に充足されていないとモニタリングしたような場合には，その内容は評価として活かされなければならない。サービスの回数や内容，利用者の状況などについての介護職のモニタリングは，それをケアマネジャーが評価したうえでケアプランの修正を行うための重要な資料となる。その意味では，モニタリングは介護職とケアマネジャーの相互の意思疎通が十分に行われたうえで展開されなければならない。

　なお，利用者・家族はモニタリング実施者ではないが，満足感や新たなニーズの発生などの主体はあくまでも利用者やその家族である。利用者・家族の思いや要望は，モニタリングの重要な資料として活かされなければならない。

2）モニタリングの方法—実施状況の確認—

　介護サービスの実施回数や方法が計画どおり実施されているかどうか，ADL/IADLが向上したかなどのモニタリング項目は，客観的に観察し記述することができる。しかし，利用者・家族の満足感や，関係する他の介護職の主観的判断なども，「活動・参加」を念頭においたモニタリングにおいては重要な項目である。

　利用者・家族にとって満足のいくサービスが提供されているかどうか，サービスの実施回数や方法が計画どおり実施されているかを，利用者・家族に直接聞くこと，また，関係する他の介護実践者（ホームヘルパーや介護者，医師や看護師，栄養士などに）から話を聞くことで経過観察を行うことができる。

3）記録によるモニタリング

　モニタリングの判断資料の1つとして「記録」がある。モニタリングにあたって，実践記録から吟味される事柄は多い。記録を通して，ケアプランに基づいて生活が具体的にどのように改善し向上したか，あるいは「活動・参加」が促進されたかを確認する。そのためには，事実とその理解・解釈を区別した的確な記述がなされなければならない。

　例えば，週2回の訪問介護サービスが提供されたという事実は客観的に記述できる事柄だが，利用者の「活動・参加」に向けた意欲の変化や家族の気持ちの変化は，介護職が利用者・家族の心を洞察して主観的に判断し記述する事柄である。もちろん，利用者・家族が心の変化を明言することもありうるが，その場合にも，そのような発言を受けてどのように判断したかは，介護職の主観である。サービス提供の状況や，利用者・家族の発言などの客観的な事実と，それに由来する主観的な判断とは，記録において明確に区別されなければならない。

▶ 4. ICFにおけるモニタリングの視点

　ICFをとり入れた介護過程のモニタリングでは，「活動・参加」にかかわる事柄のモニタリングが重要である。「活動・参加」にかかわる背景因子，阻害・促進因子について十分に吟味をし，よりよき方向性を志向するモニタリングを行うことが必要である。

　ケアプランに「活動・参加」をとり入れることによって生活が変化したかどうかなどについては，記録によってある程度確かめることができる。困難なのは，「活動・参加」ということがいずれも利用者の動機づけ，つまりエンパワメントが介在するものであるために，サービス提供者側の主観的判断が的確とは限らないという点であ

る。客観的な「活動・参加」の状況と主観的な判断を統合して，生活が向上したか，「活動・参加」が促進されたか，利用者が持てる力をエンパワメントできているかなどの生活状況を全般的に理解しなければならない。

7. 評　　価

1. 介護過程における評価

1）評価の目的

　介護過程における評価の目的は3つある。1つは，相談・アセスメントに基づいて明確にされた生活課題が利用者のニーズに合致するものであったか，援助計画は利用者の生活課題を解決できるものであるかなどについての判断の妥当性を検証するものである。2つめは，提供されたサービスに利用者が満足しているのかを確かめることである。3つめは評価の後の継続した生活支援のあり方について吟味することである。

　つまり，介護過程における評価とは，直接的には実施したサービスについて行うのであるが，そのことはアセスメントからケアプラン，実践という，介護サービス提供のすべての過程についての評価を行うことなのである。

2）評価を行うのは誰か

　評価は，ケアプラン作成者（「介護保険法」上ではケアマネジャー）が，介護実践者，ケアにかかわる専門職者，利用者・家族などから得られた情報を資料とし，利用者家族の意思を十分にとり入れたうえで，総合的に判断して行う。

3）評価の時期

　評価は，臨時評価，中間評価，終結評価の3つに分けることができる。利用者の状態は，介護実践にともなう経過の中で予期しない出来事などから変化することもありうる。利用者の状態に変化が起これば，当然ながらその生活課題そのものも変化することが考えられ，逐次評価を行う必要がある。臨時評価は，介護実践を行う経過の中で，利用者の状態の変化が起きたときに行われる。例えば「安定した歩行ができるようになり，買い物に行けるようになる」ことを目標に平行棒による機能回復訓練を行っていた利用者が，脳梗塞の再発作を起こしたため自力歩行が困難になった，というような場合，「安定した歩行を行う」という生活課題を「車いすで自由に移動する

```
実施 → A → B → C → 実施 → 繰り返す
       モニタリング  評価    ケアプラン
              （判断）  の修正
```

図5・4 モニタリングと評価

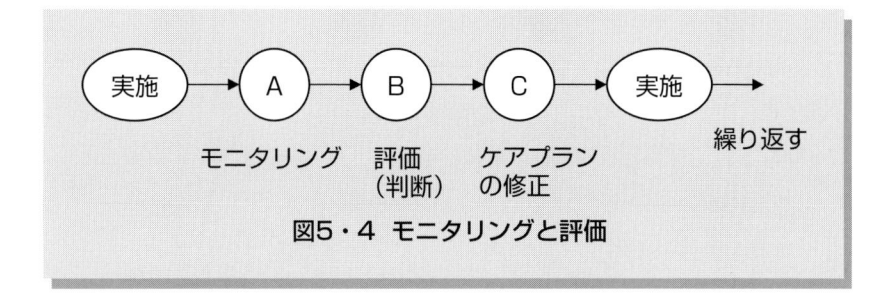

ことができる」に変更し，ケアプランにまでさかのぼって修正して，機能回復訓練の内容を車いす操作の訓練に変更する必要が出てくる場合などである。

なお，中間評価は一般的には，短期目標の見直し期間の3ヵ月毎に行われる。モニタリングと評価の関係を図5・4に示した。

2. ICFをとり入れた介護過程における評価の視点

ICFをとり入れた介護過程の評価といっても，従来行われてきた評価項目に全く新たな項目を追加することではない。

ICFの理念に沿った「評価」の特徴は，評価の領域の広がりと，評価の内容の深さであるということができる。医学モデルにおいては心身機能の障害やADL／IADLなどについて重点がおかれていたが，ICFをとり入れた介護過程においては，「活動・参加」という視点から，残存機能の活用や生活のよりよき方向性というものに着目し重点を置く評価が行われることとなる。例えば，利用者の自立生活の範囲が広がったのか，「参加」という社会的役割が改善したのか，また，利用者の生活の質が向上したかなどの事柄について，従来以上に重点を置き，深く洞察した評価が行われる。ICFをとり入れた介護過程の評価では「活動・参加」にまで意図的に視点を広く，深くもって評価していく必要がある。なお，食事，入浴，排泄などの生活介護に重点があった介護サービスにおいて，介護予防としての運動器機能向上や口腔機能向上，栄養改善が正面からケアプランに取り入れられるようになったことは領域の広がりといえる。

また，評価の深みという意味においては，すべての人がいかなる状況においてもその人らしさ，その人の固有の生活領域というものを十分に尊重されながら社会参加し，社会的な評価を受け，尊敬の眼差しのもとに受け入れられているという，人間の本質にかかわる欲求や要望がどこまで満たされているかを吟味することで，評価に深みが生まれる。これらは，従来から残存機能の活用や生活の向上に向けて評価されてきている事柄ではあるが，それを理念的かつ意図的に改めてとり上げて評価するとい

うことに，評価方法の画期的な転換としての意味がある。

　認知症高齢者であっても寝たきりの高齢者であっても，その人の存在が社会に認められ，それぞれの生活の場での主体的な活動が保証されるよう，介護過程が評価されなければならない。最後に，「活動・参加」に着目した評価の事例を示す。

▶ **事　例：15**

Oさん　33歳　男性
障害程度：2年前バイクによる交通事故で脊髄損傷による対麻痺となり，車いすでの生活。
生活形態：リハビリテーション施設に入所中。

　　Oさんは，施設でテレビを観ているだけで，レクリエーションに誘っても，「結構です。私はいいです」と言い，他の利用者との交流もない。家族から高校時代はバスケット選手であったという情報を得ていた職員は，「スポーツ訓練を通じてOさんが意欲を取り戻すこと，仲間との交流が図れるようになること」という介護計画を立案した。

　　ある日，車いすバスケットに職員や他の利用者から誘われ参加したOさんは，最初は遠くから見ていただけであったが，転がってきたボールを手にして軽く投げたところゴールに入り，みんなから拍手喝采をあびた。Oさんの顔にはかすかに微笑が浮かんだ。そして自分から「昔はスポーツ選手だったんですよ」と話したので，「それはすばらしいですね。お話を聞かせてください」と言うと，「高校生のときはバスケットボールの選手として活躍していたのです」といきいきと話し始めた。

　　その後は時々レクリエーションにも参加するようになり，1人暮らしができるように頑張りたいと，少しずつ前向きな姿勢がみられるようになってきた。

生活課題：リハビリテーションを行って，社会復帰を目指したい。
長期目標：社会復帰へ向けての意欲を持てるようになる。
短期目標：スポーツ訓練を通して仲間との交流をもつことによって，生活意欲の向上を図る。
支援内容：職員や利用者との信頼関係を形成するとともに，レクリエーション参加に意欲が持てるように配慮した場・機会の提供を行う。
中間評価：スポーツ訓練をとおして，周囲の人びととよい関係性をもつことができるようになり，生活意欲も少しずつ出てきた。目標課題に対しては，効果があったと考えられる。今後もOさんが周囲の人びととよい関係性がもてるような機会を意図的に用意することが必要である。

Oさんは自分の障害が受容できず，将来への展望がもてないまま何をしてよいのか分からない日々をおくっていた。スポーツマンであったOさんにとってレクリエーションで身体を動かすことは，自由にならない自分自身の体と向き合うことになり，かえってつらいものであった。しかし，誘われて参加したレクリエーションの場で，ゴールを決めたときの喜び（活動），仲間とするスポーツの楽しさ（参加）を感じることができた。

　中間評価では，Oさんが生活に対して前向きに変化していることが確認できた。これを受けて，Oさんに対する介護活動は効果があったと評価し，引き続きOさんがレクリエーションなどの活動に参加できるように，また，将来の社会参加へ向けた展望がもてるような支援をしていくケアプランを継続していくこととした。

5章 ICFをとり入れたケアプランの作成

■ ▶ 本章のまとめ ■

1. ケアプランの意義と目的のポイント
   ○介護サービスの実施は，すべてケアプランに基づいて行われる。
   ○施設のケアプランと在宅のケアプランは，それぞれの特性をもっている。在宅の場合は，特定の生活課題に焦点を当てたプランが作成されるが，施設の場合には，それ以前に施設全体のケアの方針やプランが存在する。
   ○ケアプランは文書化され，そのことによって利用者・家族，連携する関係専門職に承認され共有される。
   ○ケアプランは，実践を評価する尺度にもなる。

2. 相談・面接のポイント
   ○相談・面接においては，人間関係を形成し，生活支援関係を形成する。
   ○信頼関係を形成し，相談者が自分の気持ちを自由に表現できるようにする。
   ○相談・面接場面で，利用者・家族が「活動・参加」の将来的な見通しをもてることが必要である。

3. アセスメント（評価）のポイント
   ○アセスメントの最初の手がかりは利用者の生活上のニーズである。
   ○アセスメントの範囲
     第一義的には，利用者の主訴である生活支障についてであり，二義的には，その利用者の生活状況に関連する事項についてである。
   ○ICFをとり入れたアセスメントの要素には，医学的データ，ADL/IADLなどのように客観的で分析的に理解される要素と，利用者の内心の希望，精神の躍動感，志向性などのように，介護職の共感や洞察，推論による全人的理解の2つがある。
   ○高齢の利用者についてのアセスメントデータは，個別の事例にかかわる，例えば，介護予防を目的とするアセスメントデータと，高齢者全般にかかわるアセスメントデータに大別できる。
     介護予防を目的とするアセスメントデータとは，リハビリテーションにかかわる検査データ，福祉用具の活用にかかわるデータ，残存機能の活性化にかかわるようなデータである。
   ○ICFをとり入れたアセスメント項目として，とりわけ新しい項目があるわけではない。従来からある概括的アセスメント項目を援用しつつ，「活動・参加」へ向け，利用者をエンパワメントする視点が重要である。
   ○生活課題の優先順位の検討にあたっては，本人・家族の意思とともに，現行法制度や社会通念も考慮される。

本章のまとめ

4. ケアカンファレンスのもち方のポイント
   ○ケアプランはケアカンファレンスを経て決定され，ケアプランに基づいて介護サービスが提供される。
   ○ケアプランは，利用者・家族の確認，同意のもとに決定され，介護サービスが実践される。
   ○ケアカンファレンスは，サービス担当者の専門性のもとにケアプランについて協議することを主な目的とする。しかし，ケアプランは，利用者・家族の意向が基本である。
   ○ケアカンファレンスは，ケアマネジャーが包括的ケアプランを作成するときのケアカンファレンスと，介護保険施設や居宅サービス事業所で行うケアカンファレンスがあるが，これらが全体としてシステムとして運営されることが重要である。

5. ケアプラン作成のポイント
   ○生活課題は，利用者・家族のさまざまなニーズを「活動」という概念で表現したものである。
   ○長期目標は，利用者の抱える生活障害の軽減により得られると思われる利用者の希望する生活状況である。
   ○短期目標は，長期目標を実現するための段階的目標である。
   ○支援内容は，短期目標を実現するために行う具体的な介護実践である。
   ○寝たきりであっても，精神的な心の活性化をもって全人格的にさまざまな感情を統合させ，その人らしい生き方を保障するのが「活動」である。

6. モニタリングのポイント
   ○提供された介護サービスが利用者の満足の行くものであったか，ケアプランが計画どおり行われているかを介護実践にともなう生活状況をとおして経過観察することである。
   ○モニタリングは，評価の指標となるものである。
   ○モニタリングは，ケアプラン作成者および介護実践者が行う。

7. 評価のポイント
   ○相談・アセスメントの過程から得られた生活課題が利用者のニーズに合致するものであったか，援助計画は利用者の生活課題を解決できるものであったか，提供されたサービス内容に利用者が満足しているか，評価後の生活支援をどうしていくか吟味することである。
   ○ケアプラン作成者が，介護実践者・ケアにかかわる専門職者・利用者・家族からの情報を資料として評価を行う。

▶引用文献

1) 竹田青嗣:現象学入門　NHKブックス　第1版,日本放送協会出版会,1997,pp77-80.
2) ベルクソン・H／河野与一訳:思想と動くもの　第1版,岩波文庫,2002,pp165-199.
3) 鈴木聖子:介護サービス計画―ケアプラン．黒澤貞夫編,リーディングス介護福祉学18―介護実習　第1版,建帛社,2004,pp69-72.
4) 佐藤信人:介護サービス計画(ケアプラン)作成の基本的考え方―試論ノート―第1版,全国介護支援専門員連絡協議会,2004,pp45-60.

▶参考文献

・上田閑照　監修・大橋良介・野家啓一　編:西田哲学選書1,燈影舎,1997.
・西田幾多郎:西田哲学選集第1巻,燈影舎,1998,p38.
・黒澤貞夫:生活支援学の構想　その理論と実践の統合を目指して第1版,川島書店,2006,pp149-173.

さくいん

A～Z

activities	10
ADA ; American with Disability Act	34
ADL	13, 20, 71
American with Disability Act ; ADA	34
Bank-Mikkelsen,N.E.（人）	40
barriers	48
body functions and structures	10
contextual factors	47
disabilities	9, 14
environmantal factors	47
facilitators	48
handicaps	9, 14
IADL	71
ICF ; International Classification of Functioning,Disability and Health	10, 47
ICIDH ; International Classification of Impairmentes,Disabilities and impairments	9, 14
International Classification of Functioning,Disability and Health ; ICF	10, 47
International Classification of Impairmentes,Disabilities and Handicaps ; ICIDH	9
King Jr, Martin Luther（人）	34
Lewin,K.（人）	57
life model	13
participation	10
personal factors	48
self esteem	28

ア

IL 運動	34
アクティビティ	27
アクティビティケア	78
アセスメント	4, 14, 21, 52, 64, 71

イ

医学的データ	71
医学モデル	12, 75
因子	25, 52
インペアメント	9

ウ

上田　敏	38

エ

ADA 立法	34
エビデンス	63
エンパワメント	9, 97

オ

老いの受容	17
負い目	28

カ

概括的アセスメント項目	76, 77
介護過程	5
介護サービス計画	5, 61
介護サービス項目	61
介護保険	67
介護保険制度	79
「介護保険法」	31, 35
介護予防	38, 72, 93

解釈	20
介入	14
科学性（的）	19, 63
家族関係	20
課題	19
価値判断	74
活動	10, 22, 24, 78, 93
環境	14
環境因子	47, 50, 55, 78
干渉主義	27
完全参加	43

▶ キ

北野誠一	41
北原貞輔	8
機能回復訓練	37, 94
機能訓練	27
機能損傷	9, 14
客観的妥当性	20
共感的態度	66
共生社会	41
協働	7
記録	97
キング牧師	34

▶ ケ

ケアカンファレンス	64, 87
ケアシステム	14
ケアプラン	5, 52, 61
―在宅	62
―施設	62
ケアマネジャー	87, 96
経過観察	95
契約	30
ケアプラン	64
「憲法」	33

▶ コ

肯定的側面	50
行動観察	86
国際障害者年	35
国際障害分類	9
国際生活機能分類	10, 47
個人因子	49, 50, 53, 76
「ゴールドプラン」	35

▶ サ

定藤丈弘	34
サービス担当者会議	87
参加	10, 22, 24, 76, 90
残存機能	73

▶ シ

支援内容	93
時間性	17, 22
自己決定	6, 33
自己選択	33
事後評価	19
システム	8
施設	56, 62
自然科学	20
事前評価	19
自尊心	28
実証科学	20
実践	14
実践記録	97
している活動	95
社会資源	6, 90
社会的役割	99
「社会福祉基礎構造改革について」	35
社会モデル	13, 91
社会的不利	9, 14
社会福祉援助活動	12

ジャーメイン，C.	13	生活支障	23
終期カンファレンス	91	生活主体	6
自由権	33	生活自立	25
受容的態度	66	生活ニーズ	64
障害	23	生活モデル	12, 75
「障害者基本計画」	41	精神的不安定	86
「障害者基本法」	11	精神的躍動感	64, 69
「障害者自立支援法」	37, 43	生存権	31
「障害者対策に関する長期計画」	35	「世界人権宣言」	33, 43
「障害者プラン・ノーマライゼーション 7 か年戦略」	41	「1959年法」	40
障害の受容	17	全人的理解	71, 72
「障害をもつアメリカ人法」	34	**ソ**	
初期カンファレンス	91	相談	65
職業更生	34	阻害因子	48, 50, 54, 75
自立	33, 68, 91	促進因子	14, 48, 50, 54, 75, 78
自立支援	90	ソーシャルニーズ	4
自立支援給付	37	ソーシャルワーク	12
自立生活運動	34	**タ**	
人権宣言	33	短期目標	93
「新ゴールドプラン」	35	**チ**	
「身体障害者福祉法」	34, 35	中期カンファレンス	91
診断	14	長期目標	93
診断主義	13	治療	14
ス		**テ**	
推測的判断	86	ディスアビリティ	9
推論	20	できる活動	95
スティグマ	28	**ト**	
セ		動機づけ	20, 51, 70, 93
生活課題	4, 54, 59, 61, 79	洞察	20
——優先順位	79	洞察的理解	86
生活構造	6	特別養護老人ホーム	61
生活支援関係	67		
生活支援システム	5		
生活支援モデル	14, 22		

さくいん

▶ ニ

二次アセスメント	4
ニーズ	19, 76
―優先順位	79
日常生活動作	13
「日本国憲法」	33, 43
人間科学	20
認知症	84, 86

▶ ノ

能力低下	9, 14
ノーマライゼーション	31, 35, 40
―原則	43

▶ ハ

場	17
徘徊	86
背景因子	14, 47, 76
パターナリズム	27
場の理論	57
バリアフリー	41
バンク‐ミケルセン, N.E.	40
判断	20
ハンディキャップ	9

▶ ヒ

否定的側面	50
評価	4, 96, 98
平等	43

▶ フ

福祉用具	73
不名誉	28
プランニング	52, 63
文書化	30, 61, 63
分析的理解	13, 71, 72

▶ ホ

包括的ケアプラン	90

▶ マ

満足感	51

▶ メ

明証性	63
面接	65

▶ モ

モニタリング	4, 95

▶ ヤ

役割	93

▶ ヨ

要介護認定	67, 71
要素還元主義	71

▶ ラ

ライフスタイル	23

▶ リ

リハビリテーション	37, 38, 73
「リハビリテーション法」	34
利用者主体	87
臨時カンファレンス	91

▶ レ

レヴィン, K.	57
連携	7

▶ ロ

老人保健施設	56

編著：黒澤　貞夫　　群馬医療福祉大学大学院　特任教授
著者：小櫃　芳江　　聖徳大学短期大学部　教授
　　　鈴木　聖子　　日本赤十字秋田看護大学看護学部　教授
　　　関根　良子　　フットケアサロン歩行（ふゆき）主催
　　　吉賀　成子　　帝京科学大学医療科学部　准教授

ICFをとり入れた介護過程の展開

2007年（平成19年）3月30日　初　版　発　行
2019年（令和元年）7月10日　第7刷発行

編著者　黒　澤　貞　夫
発行者　筑　紫　和　男
発行所　株式会社 建帛社 KENPAKUSHA

〒112-0011　東京都文京区千石4丁目2番15号
ＴＥＬ（０３）３９４４－２６１１
ＦＡＸ（０３）３９４６－４３７７
https://www.kenpakusha.co.jp/

ISBN978-4-7679-3340-5 C3036
©黒澤貞夫ほか，2007
（定価はカバーに表示してあります。）

亜細亜印刷／ブロケード
Printed in Japan

本書の複製権・翻訳権・上映権・公衆送信権等は株式会社建帛社が保有します。
JCOPY〈出版者著作権管理機構　委託出版物〉
本書の無断複製は著作権法上での例外を除き禁じられています。複製される場合は，そのつど事前に，出版者著作権管理機構（TEL03-5244-5088，FAX03-5244-5089，e-mail：info@jcopy.or.jp）の許諾を得て下さい。